LIVRE VERT

DE

L'ARCHEVÊCHÉ DE NARBONNE

PUBLIÉ PAR

Paul LAURENT

ANCIEN ÉLÈVE DE L'ÉCOLE DES CHARTES

ARCHIVISTE DU DÉPARTEMENT DE L'AUDE

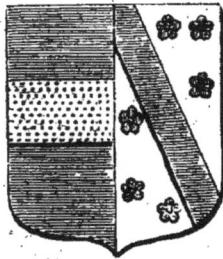

PARIS

Alphonse PICARD

LIBRAIRE DES ARCHIVES NATIONALES ET DE LA SOCIÉTÉ DE L'ÉCOLE DES CHARTES

82, RUE BONAPARTE, 82

1886

LIVRE VERT

DE

L'ARCHEVÊCHÉ DE NARBONNE

———

LIVRE VERT

DE

L'ARCHEVÊCHÉ DE NARBONNE

PUBLIÉ PAR

Paul LAURENT

ANCIEN ÉLÈVE DE L'ÉCOLE DES CHARTES

ARCHIVISTE DU DÉPARTEMENT DE L'AUDE

PARIS

Alphonse PICARD

LIBRAIRE DES ARCHIVES NATIONALES ET DE LA SOCIÉTÉ DE L'ÉCOLE DES CHARTES

82, RUE BONAPARTE, 82

1886

TABLE

DES

DIVISIONS DE L'OUVRAGE

———

INTRODUCTION

—

Le *Livre Vert*[1] ou inventaire des revenus et droits seigneuriaux de l'archevêché de Narbonne, fut rédigé dans la seconde moitié du XIVe siècle, sous l'archevêque Pierre de la Jugie. [2]

Pierre de la Jugie, natif du Limousin, était fils de Jacques de la Jugie, anobli en 1338 par Philippe de Valois, et de Guillelmette Reine, sœur du pape Clément VI. Il fit d'abord profession dans l'ordre de Saint-Benoît. Après avoir été prieur de Sainte-Livrade en Agenais, il fut nommé en 1342 à l'abbaye de Saint-Jean d'Angely ; en 1343, à celle de Lagrasse et en 1345 à l'archevêché de Saragosse, d'où il passa à celui de Narbonne, le 10 janvier 1347. Il occupa ce dernier siège pendant vingt-huit ans jusqu'au 27 août 1375, date de sa nomination à l'archevêché de Rouen. [3]

1. *Archives départementales de l'Aude*, série G., art. 2.

2. Le *Livre Vert* est ainsi appelé à cause de la couleur de sa reliure. Cette observation peut s'appliquer aux deux *Livres Verts* (806-1603) et au *Livre Noir* (1119-1769) de l'abbaye de Lagrasse, conservés aux Archives départementales de l'Aude.

3. *Gallia Christiana*, tome VI, col. 91-94 et 957-958. — *Histoire générale du Languedoc*, par D. Devic et D. Vaissete, in-4°, 1876, Toulouse, Privat, tome IV, pp. 254 et 481. — Baluze : *Vita paparum Avenionensium*. I. p. 1134. — *Cartulaire de l'ancien diocèse de Carcassonne*, par Mahul, in-4°, Paris, 1859, tome II, p. 320 et tome IV, pp. 320-321.

Il mourut à Pise en 1376, et, conformément à ses dernières volontés, son corps fut transporté à Narbonne et déposé dans un magnifique mausolée en marbre blanc, élevé de son vivant. [1]

Pierre de la Jugie portait : « *parti d'azur à une fasce d'or, et d'argent à la bande d'azur accompagnée de six roses de gueules.* »

Le *Livre Vert* de Pierre de la Jugie est aujourd'hui perdu. Nous le publions d'après une copie exécutée en 1649 sur les ordres de Claude de Rebé, archevêque de Narbonne, qui fit classer les archives de l'archevêché, négligées depuis longtemps.

Claude de Rebé avait succédé à Louis II de Vervins, le 8 février 1628. Il créa à Narbonne une chaire de théologie dans le collège confié aux Pères de la Doctrine chrétienne. En 1635, il fonda l'hospice de la Charité [2] et chargea, en 1641, de l'éducation des jeunes filles, les Sœurs de la Visitation de Sainte-Marie. A Limoux, il institua un collège de la Doctrine chrétienne. Il fit décorer l'église collégiale de Saint-Sébastien de Narbonne et réparer le palais archiépiscopal

1. Le tombeau de Pierre de la Jugie est placé dans le sanctuaire de l'église métropolitaine de Narbonne, au côté droit du maître-autel. La statue de Pierre de la Jugie formait le principal ornement de ce tombeau ; elle en a été séparée, et, recueillie au musée de Toulouse, elle a été inscrite sous le n° 572 du catalogue. (*Cartulaire...* op. cit., t. IV, p. 321, col. I, note I.)

2. Pour plus de détails sur la fondation de cet hospice, consulter le savant *Inventaire des Archives des hospices de Narbonne*, de M. Hippolyte Faure, administrateur des hospices, in-4°, 1855-1863, tomes I et II, ainsi que les *Notes et documents sur les Archives des hospices et sur les résultats comparés de l'assistance hospitalière à Narbonne et dans une partie de l'Europe*, du même auteur, in-8°, 1886, tomes I et II, *passim*.

où il reçut Louis XIII pendant le siège de Perpignan. Claude de Rebé mourut le 17 mars 1659, à l'âge de 75 ans. Il fut enterré dans la chapelle de Bethléem de l'église cathédrale [1].

Le *Livre Vert* transcrit au XVIIe siècle sous Claude de Rebé est un registre petit in-folio (0,33 sur 0,23), relié en chamois vert et fermé au moyen de quatre rubans en soie également de couleur verte. Sur le plat de la reliure, on lit ces mots : « *Livre vert contenant les droits et redevances de l'archevesché* ; » et sur le dos : « *Rentes et droits seigneuriaux de l'archevêque de Narbonne.* »

Ce registre renferme 99 feuillets en papier. Les feuillets 1, 3 v°-6 et 93-99 ont été laissés en blanc. Le *Livre Vert* est précédé d'un répertoire (fol. 2-3 r°) contenant seulement quelques-uns des noms de lieux cités dans le manuscrit. Ce répertoire étant très incomplet, nous n'avons pas jugé à propos de le reproduire ici ; il sera remplacé avantageusement par la *Table des noms de lieux et de personnes* qui se trouve à la fin du présent volume.

Le *Livre Vert* nous fournit des renseignements précieux : 1° sur les domaines de l'archevêché de Narbonne au XIVe siècle ; 2° sur les droits et devoirs appartenant à l'archevêque ; 3° sur la nature de ses revenus ; 4° sur la manière de les percevoir.

---

1. *Gallia Christiana*, tome VI, col. 119-122.— *Histoire du Languedoc*, op. cit., tome IV, page 259.

Nous adopterons, dans notre introduction, l'ordre de cette division. [1]

DOMAINES DE L'ARCHEVÊCHÉ
DE NARBONNE

—

Vers le milieu du xiv° siècle, le domaine temporel de l'archevêché de Narbonne s'étendait dans une partie des trois départements actuels de l'Aude (arrondissements de Narbonne, de Limoux et de Carcassonne), de l'Hérault (arrondissement de Béziers), et des Pyrénées-Orientales (arrondissement de Perpignan).

Les propriétés de l'archevêque consistaient en châteaux, chapelles, maisons, étables, celliers, greniers, granges, colombiers, moulins, fours, boutiques, prisons, forge, condamines, pâturages, forêts, jardins, vignes, aires à dépiquer, mines, carrières, patus, vergers, garennes.

Ces diverses propriétés, dont plusieurs furent acquises par Pierre de la Jugie, étaient situées dans les localités suivantes :

1. Nous sommes heureux de pouvoir remercier ici publiquement M. Cornet-Peyrusse, l'érudit continuateur du *Cartulaire de l'ancien diocèse de Carcassonne* commencé par M. Mahul, qui a bien voulu nous aider dans l'identification des noms de lieux du département.

I

Département de l'Aude

—

Arrondissement de Narbonne

—

Canton de Narbonne. — *Narbonne*. — Dans la Cité : Le palais archiépiscopal, dans lequel se trouve la chapelle Saint-Martial; il fut construit sous Pierre de la Jugie.

Cinq ouvroirs ou boutiques, bâtis à la même époque, et situés près de la tour Saint-Martial, du côté de la rue.

Un second palais contigu au premier, élevé sous l'archevêque Pierre de Montbrun, en 1273, avec la chapelle de la Madeleine et une ancienne tour qui fut le clocher de l'église carlovingienne antérieure à la cathédrale Saint-Just[1].

La maison de la Poissonnerie ou marché aux poissons, sur la place de la Cité de Narbonne.

Trois maisons avec puits, cave et vergers, près de l'église Saint-Sébastien et du Puits d'En Salas, achetées par Pierre de la Jugie.

1. L'ensemble de ces constructions forme aujourd'hui l'Hôtel de ville de Narbonne. Pour la description du palais archiépiscopal, au xviiie siècle, consulter l'*Inventaire sommaire des Archives de l'Aude, antérieures à 1790*, en cours de publication (Série G, art. 4). L'impression de l'*Inventaire* de la Série G a été commencée sous l'administration de M. Léon Barrabant, Préfet de l'Aude. Cette série comprend, entre autres, les fonds de l'archevêché de Narbonne et des évêchés d'Alet, Carcassonne et Saint-Papoul.

Dans le Bourg : Le four *Devedat*, avec sotouls et soliers contigus. [1]

Dans le territoire de Narbonne : Un moulin en ruines sur les bords de l'Aude; le champ de l'Estar; un jardin; la chapelle Saint-Laurent avec grange, courtal (bergerie) et champ contigus; un bois; une condamine [2] et l'étang de Saint-Laurent [3].

A Saint-Loup : Plusieurs maisons et deux jardins; la condamine du Fleix [4]; une tamarissière [5]; une chapelle en l'honneur de Saint-Loup et de Saint-Vincent [6].

Les pâturages de Mandirac [7], du Vesq [8] et de la Leigne.

1. *Sotoul :* Rez-de-chaussée, bas d'une maison; *solier :* étage de maison, chambre haute.

2. Le nom de *condamine* ou *condomine* indique un bon terrain. La pièce de terre appelée *condamine* est ordinairement la meilleure du domaine. La *condamine* était à l'origine une terre possédée par deux ou plusieurs seigneur s.

3. La chapelle Saint-Laurent, située hors des murs de la ville, n'existe plus. L'étang de Saint-Laurent n'est plus connu que sous le nom de l'*Etang du Cercle*. Il se composait des parties basses qui comprennent actuellement les prairies des domaines de Lunes, de Montfort et de Gleyses. (*Inventaire des Archives de la ville de Narbonne*, par M. Mouynès, série BB, tome II, page 159).

4. Située entre Narbonne et Mandirac.

5. Plantation de tamarins.

6. La chapelle Saint-Loup était située près de Narbonne, au-delà de l'ancienne porte Sainte-Catherine. On y allait en pèlerinage pendant la Semaine sainte. Plus tard et même dans la première moitié de ce siècle, on y faisait des goûters, le lundi de Pâques. Cet usage est encore très populaire; seulement, au lieu de goûter sur le terrain d'une chapelle qui n'existe plus, on goûte partout. On appelle cela : *faire Saint-Loup*.

7. L'île de Mandirac est maintenant unie à la terre ferme. Elle fut donnée en 855 à l'Église de Narbonne, par Charles-le-Chauve.

8. Le Vesq faisait partie de la dotation primitive de l'Église de Narbonne.

Canet. — Un château avec cellier et grenier; des étables avec grenier à foin, devant le château, près de l'église; dans le village, une maison sise rue Pierre Mathieu, servant de grenier et de cellier; une maison dans la Rue Neuve, avec greniers au-dessus et étables au-dessous; une petite étable voisine du four banal; une condamine près du puits du village; une autre grande et bonne condamine achetée par Pierre de la Jugie; un jardin, hors des fossés; une maison hors du village, près des fossés, et dans laquelle il y a un moulin à huile; un four; un beau moulin sur l'Aude, avec tour et greniers; un bac sur la rivière d'Aude.

Fontarèche (commune de Canet). — Un château fort avec donjon et chapelle; des condamines, des terres, des vignes achetées par Pierre de la Jugie, un pâturage, un pré, une forêt avec garennes.

Villedaigne (commune de Raissac-d'Aude). — Dans le château, une maison servant de greniers.

Canton de Coursan. — *Gruissan.* — Un château avec ses dépendances; près de l'église paroissiale, une maison avec solier pour le blé et le vin; un jardin; huit moulins à vent; la bastide de Rayniac, acquise par Pierre de la Jugie, avec étangs, cours d'eau, condamines, vignes, pâturages et réserves.

Salles-d'Aude. — Une tour avec enceinte entourée d'arbres; une maison avec solier servant de grenier et de cellier; un pré, un four, un moulin à eau et huit moulins à vent.

**

CANTON DE DURBAN. — *Fontjoncouse*. — Une maison en ruines, un four, une forêt.

CANTON DE GINESTAS. — *St-Marcel*. — Un château avec donjon; une maison de peu de valeur, au-dessous du château.

Ventenac-d'Aude. — Un château, une maison [1], d'autres vieilles maisons pour conserver le blé; plusieurs manses.

CANTON DE LÉZIGNAN. — *Cruscades*. — Un château, un four, un moulin, un étang et des garennes.

CANTON DE SIGEAN. — *Peyriac-de-Mer*. — Un château; une chapelle riche en revenus, au-dessous du château; l'étang de Pudre et celui du Doul, avec l'île voisine.

Sigean. — Un château avec ses dépendances; dans l'intérieur du château, une maison avec deux fours; hors de l'enceinte du château, sur la place du village, un autre four; dans le village, une maison et un patu dit « la cour aux procès; » quatre moulins à vent; une vigne au lieu dit la Blanquerie; un jardin, près du village; un pré voisin de l'église de Treilles;

---

1. Le mot : *hospitium*, que nous traduisons par *maison*, avait surtout, au moyen-âge, le sens de bâtiment affecté au logement des hôtes ou fermiers : *hospites*, et des tenanciers désignés sous le nom de *mansionarii*.

l'étang de Pisse-Vacque[1], près de la route qui conduit à Perpignan ; l'étang de Recobré[2]; l'île et la chapelle de Cauquenne[3] avec sa cloche et ses ornements divers ; des carrières; des mines de terre rouge employée pour apprêter des draps ; une saline.

Arrondissement de Limoux

CANTON D'ALAIGNE. — *Alaigne.* — Un château avec vergers contigus ; l'église dudit lieu et la chapelle du château ; dans le château, devant la grand'porte, une maison avec étables au rez-de-chaussée et greniers dans la partie supérieure ; près de la place du village, des soliers pour mettre la paille et le foin ; une étable à porcs, près du château, du côté dé l'autan ; derrière le château, un emplacement muré, mais non couvert ; un moulin sur la rivière ; une aire fermée ; le pré de

1. Le terrain que cet étang occupait porte aujourd'hui le nom de *Sainte-Croix.* Ce fut M. François Pascal, marchand venu de Marseille, qui, en 1663, entreprit le dessèchement de cet étang. Il y parvint au moyen d'un vaste aqueduc creusé sous le côteau du *Peyrou*, pour conduire les eaux jusqu'au canal de la *Prade.* Quand les travaux furent finis, la population se rendit processionnellement aux bords de l'étang, et M. Alaric, curé de la paroisse, après avoir planté et béni la croix qui existe encore, ouvrit le passage de l'eau qui commença à s'écouler avec rapidité. C'était le 16 février 1665. Depuis cette cérémonie et sur la demande de M. Pascal, ce terrain a toujours porté le nom de *Sainte-Croix.*

2. Étang desséché.

3. L'île de Cauquenne, aujourd'hui Sainte-Lucie, avait été vendue en 1200, avec tous ses droits, à Béranger, archevêque de Narbonne, par Udalguier de Sigean, fils de Bernard de Sigean. (*Inventaire des Archives de la ville de Narbonne*, série AA, pp. 12-13).

Marsol[1], le Grand Pré ou Prat Majou[2]; le pré de las Gaytos[3]; le pré Lauratz; les forêts de Pignols[4], de Marsol, de las Egues, de Bonpoly et de Pépy[5].

Routier. — Une maison avec solier pour serrer le blé; une autre maison sans solier, servant de cellier pour le vin; une aire couverte.

CANTON DE BELCAIRE. — *Gébetz* (commune de Mérial). — Une maison avec greniers; une forêt, des pâturages, une forge en ruines.

CANTON DE COUIZA. — *Cubières*. — Deux maisons, dont un paillier; un moulin, de belles forêts, deux pâturages dits *Comadanulh* et *Cabus del Cottée*.

Las Egues (commune de Fourtou). — Une maison pour mettre le blé; les deux prés de Fourtou; le pré du Pla de l'Egue et un autre petit pré audit lieu; la terre de Rapassol; les pâturages et forêts de Joncarols et de Fourtou; un moulin.

1. A quelques centaines de mètres d'Alaigne est le rec ou ruisseau de Marsol, sur lequel était un pont très ancien détruit depuis le changement du chemin d'Alaigne à Limoux. C'est là sans doute que se trouvait le pré de Marsol.

2. *Pratum Majus*. Terrain assez vaste, au midi d'Alaigne, où est une métairie appelée : la *Médecine*.

3. Au Nord-Ouest de Prat-Majou ; côteau complanté actuellement en vignes.

4. Aujourd'hui les *Coustals de Pignols*. Il y avait autrefois sur ces côteaux une forêt de chênes arrachée depuis plus d'un siècle. La tradition prétend qu'après la destruction de la forêt, les fauves et les reptiles infestèrent les environs d'Alaigne. *Pignols* est une métairie de quatre paires de labour, à cinq kilomètres Sud-Est du village d'Alaigne.

5. Ce nom vient du rec de Pépy, qui sort des trois mamelons appelés : *Les tres Pierrous*, et coule près de la métairie du Cammas-Blanc.

Canton de Limoux. — *Limoux.* — L'hôtel de l'officialité de Limoux et du Razès, avec chapelle, prisons et nombreuses dépendances.

Pieusse.— Un château avec deux caves et un verger; dans le village, sur la place, une maisonnette pour serrer le blé; une autre maison, près du château, pour le foin; un paillier avec une aire contiguë; une autre maison, près du verger; un four; quatre colombiers achetés par Pierre de la Jugie, au lieu dit Rivals; un autre colombier au Pla du Sou, de l'autre côté de l'Aude; le moulin du Gua, à huit roues; le moulin à quatre roues de Marseillens.

Canton de Quillan. — *Coudons.* — Une belle forêt et un pâturage.

Fa. — Une maison et la moitié de la grande tour.

Ginoles. — Une condamine; une petite pièce de terre avec un petit verger; des pâturages.

Quillan.— Un très beau château avec deux vergers contigus; une grande maison avec cellier; une vigne; une condamine voisine du village, convertie en pré; un moulin à six roues, sur la rivière d'Aude; tous les herms [1] du territoire; un château escarpé.

Saint-Martin-Lys. — Un château fort sur un rocher escarpé; une maison; un moulin à huit roues; des forêts; des pâturages.

1. Terre non labourable. Le mot *herm* dérive du grec: ἔρημον, désert.

CANTON DE SAINT-HILAIRE. — *Buc.* — Des pâturages.

Arrondissement de Carcassonne

—

CANTON DE CARCASSONNE. — *Carcassonne.* — Dans la Cité : un bel hôtel avec chapelle, deux vergers et autres dépendances. Dans le Bourg : un verger et un patu avec de grandes murailles pour une maison en construction.

CANTON DE MOUTHOUMET. — *Albières.* — Une maison ; les deux prés et la forêt de Saint-Just ; une manse.

Auriac. — Un château, trois prés, une vigne, un pâturage et des bois.

Dernacueillette. — Un moulin et une manse.

Villerouge. — Un château avec verger contigu ; deux maisons servant d'étable et de paillier ; un four dans le château ; une condamine avec aire à dépiquer ; une vigne *al Solas ;* les deux prés de la Marmairane ; en différents endroits, dix garennes faites de main d'homme ; une belle forêt avec la réserve du bois et de la chasse.

CANTON DE TUCHAN. — *Pasa* (commune de Rouffiac-des-Corbières). — Un château avec donjon, dix pièces de terre ou condamine, un moulin.

II

DÉPARTEMENT DE L'HÉRAULT

—

Arrondissement de Béziers

—

CANTON DE CAPESTANG. — *Capestang*. — Un château avec ses dépendances ; au-dessous du château, une chapelle riche en revenus à laquelle sont annexées les chapelles de Saint-Julien de Courtolieu et de Saint-Saturnin de Bessan. Dans le village, près du château, un grand cellier avec pressoir, et un patu contigu ; sur la place du marché au blé, cinq boutiques avec soliers au-dessus ; au lieu dit le Pla du château, une boutique où l'on recueille le produit des dîmes et des tasques ; une étable avec greniers au-dessus ; un paillier ; un grenier à foin, au-delà de la Porte de Narbonne ; le four de Cary ; la condamine du Clos del Bosc ; un autre four dit le four du Juif, à la Porte de Narbonne ; une condamine près de Pont-Serme, avec un sol à dépiquer contigu ; la chapelle rurale de Saint-Julien, avec un ferratjal contigu.

Montels. — Un château avec garennes et autres dépendances ; une grande et belle maison au-dessous du château ; un verger et un moulin contigus à ladite maison ; près de la porte du château, des écuries pour les chevaux et des greniers pour conserver le foin et le blé ; un four ; un pré ; huit condamines ; deux vignes.

Nissan. — Un château avec ses dépendances ; un pré voisin du château ; huit condamines ; un four.

Poilhes. — Un château avec greniers ; hors du château, une étable à bœufs ; un grenier à fourrage ; plusieurs prés à Bessan ; huit condamines avec une aire à dépiquer ; un four.

III

DÉPARTEMENT DES PYRÉNÉES-ORIENTALES

—

Arrondissement de Perpignan

—

CANTON DE PERPIGNAN. — *Pia*. — Un château avec ses dépendances ; un moulin à quatre roues ; deux fours ; un moulin où l'on apprête les draps, et un autre moulin dit le moulin de Pierre de More.

CANTON DE ST-PAUL-DE-FENOUILLET. — *Peyrelade* (commune de St-Paul-de-Fenouillet). — Des pâturages.

DEVOIRS ET DROITS SEIGNEURIAUX APPARTENANT A L'ARCHEVÊQUE

—

DEVOIRS SEIGNEURIAUX. — Les devoirs à remplir envers l'archevêque sont : la foi et l'hommage.

La foi ou serment de fidélité est prêtée par les communautés faisant partie du domaine seigneurial de l'archevêché de Narbonne, lors de la nomination de l'archevêque ou toutes les fois que celui-ci l'exige.

A Capestang, les nouveaux consuls, aussitôt leur entrée en charge, doivent être présentés par leurs prédécesseurs à l'archevêque ou à son viguier, et et jurer entre ses mains d'exercer loyalement leur office.

Les communautés de Pérignan, Coursan, Rivesaltes, Perpignan, Saint-Ferriol, Niort, Quirbajou, Soulatgé, Castelmaure, etc., mentionnées dans le *Livre Vert,* ne dépendent pas de l'archevêché de Narbonne. Elles paient certaines redevances à l'archevêque, sans être astreintes à lui prêter le serment de fidélité.

. L'hommage lige est dû par Jean Vital, N. de Montesquieu, Bernard de Salles, Béranger de la Rivière, Jean More, Montlaur, Béranger des Viviers, Barthélemy Raoul, Bernard de Pierre-Pertuse, Sicard d'Auriac, le vicomte de Narbonne et autres hommes liges de l'archevêque, à raison des fiefs qu'ils tiennent de ce dernier à Quilhanet, Salles, Pia, Ventenac, Albières et dans les bourg, cité et territoire de Narbonne.

DROITS SEIGNEURIAUX. — Les droits seigneuriaux proprement dits de l'archevêché de Narbonne, sont: 1º le droit de haute, moyenne et basse justice; 2º les droits de ban, de criée et d'encan; 3º le droit de pêche; 4º le droit de chasse; 5º le droit de gîte; 6º le droit d'albergue; 7º la banalité des fours et des moulins à farine et à huile; 8º certains droits de collation et de patronage; 9º le droit d'épave; 10º le vet du vin.

Droit de haute, moyenne et basse justice. — L'archevêque a le droit de haute, moyenne et basse justice dans les localités suivantes : Gruissan, Salles-d'Aude, Montels, Nissan, Capestang, Poilhes, Sigean, Peyriac-de-Mer, Fontjoncouse, Villerouge, Auriac, Las Egues, Cubières, Pasa, Albières, Montgaillard, Quillan, Ginoles, Gébetz, Saint-Martin-Lys, Cavirac, Alaigne, Routier, Malemate, Limoux, Pieusse, Canet, Fonta-rèche, Cruscades, Villedaigne, Ventenac-d'Aude, Saint-Marcel, Peyrelade, Pia, etc.

En quelques endroits, la justice n'est exercée par l'archevêque qu'en partie; l'autre partie appartient à son vassal, Huguet d'Arques (Dernacueillette), au chapitre de Saint-Just de Narbonne (Quilhanet), au roi de France et à l'abbé de Joucou (Galinagues et Rodome), au seigneur de Castel-Pore (Coudons), au seigneur de Niort (Brenac et Fauruc), et au vicomte, à Narbonne [1].

En 1352, un conflit s'éleva entre l'archevêque Pierre de la Jugie et Aymeric, vicomte de Narbonne, au sujet des limites de leurs juridictions respectives dans la ville et le territoire de Narbonne.

L'affaire fut portée devant plusieurs arbitres : Hugues Barrot, professeur ès-lois, chanoine et préceuteur de l'église Saint-Just, Pierre de Rigaud, licencié ès-lois, Pierre de Tournemire, sénéchal de l'archevêque, et Léger de Villespassants, viguier du vicomte (22 février 1352).

---

1. A Combret, la haute justice est entièrement dévolue au roi de France.

La rue de l'Aluderie fut reconnue comme la limite et la séparation des juridictions séculières et temporelles de l'archevêque et du vicomte, dans la cité de Narbonne. [1]

Dans le territoire de Narbonne, la juridiction archiépiscopale s'étendait sur les ténements qui suivent : le Fleix, Saint-Loup, le Bousquet, Mandirac, la Mailhole [2], Saint-Laurent, Caytivière, le Vesq, la Leigne, [3] etc.

Droits de ban, de criée et d'encan. — Le ban est la proclamation faite à son de trompe par le héraut de l'archevêque.

Pierre de la Jugie avait pris dans ses proclamations le titre de *seigneur* de Narbonne. Sur la demande du

1. *Inventaire des Archives de la ville de Narbonne*, série AA, (Annexes), pp. 339-357.

2. En 1569, on établit, hors des murs de la ville, au ténement de la Mailhole, un hôpital de la peste, appelé communément l'*Hospitalet*. Il se composait de deux petits corps de bâtiment ayant 9 cannes (16 mètres) de longueur, sur une longueur de moitié, séparés par une cour étroite et communiquant entre eux, au rez-de-chaussée et au premier étage au moyen d'une galerie formée de baraudage ou cloison en planches. (*Inventaire des Archives de la ville de Narbonne*, série BB, tome I, pp. 20, 21, 426, tome II, pp. 93, 559.)

3. Une transaction passée le 20 avril 1396 entre l'archevêque de Narbonne et la communauté de Gruissan, fixa les limites des territoires de *la Leigne* et del Bruguier, ainsi que les droits respectifs de lignerage et de dépaissance réclamés par les habitants de Narbonne et de Gruissan dans l'étendue de ces territoires. Voici, d'après cette transaction, quelles étaient les limites de la Leigne : « *Videlicet a bastida Petri de Lacu condam seu heredes ejus, vocata de Navauta, inclusive usque ad Gulam Atacis et usque ad Stagnum Majus, et cum terminali domini vicecomitis, vocato Crebaolas, ex parte aquilonis, et de altano cum stagnis ipsius domini vicecomitis vocatis Stanh Comtessa et Sesqueyra, et de meridie cum stagno de Narbona, et de circio cum flumine Atacis.* » (Inventaire des Archives de la ville de Narbonne, op. cit., Série AA, page 156.)

vicomte, ce titre fut supprimé par un accord en date du mois de février 1349. [1]

Le banderage ou droit de ban accorde à l'archevêque la police champêtre et la réglementation de l'exercice de la dépaissance.

A Routier, le banderage ainsi que les droits de criée et d'encan avaient été cédés à la communauté moyennant une redevance annuelle de 5 livres 10 sous. A Sigean, le droit de ban appartient également à la communauté; mais le bandier est tenu de prêter serment entre les mains de l'archevêque [2].

Le bandier est le garde chargé, au nom de l'archevêque, de constater les contraventions commises dans les domaines soumis à sa seigneurie. Le bandier est responsable des délits ruraux, dans le cas où il n'en dénonce pas les auteurs [3].

A Narbonne, les bandiers doivent apporter à l'archevêque ou en son absence à ses viguiers, la veille des fêtes de l'Assomption, de Saint-Laurent et de Saint-Barthélemy, une coupe de raisins pour l'observance du jeûne. Ils fournissent aussi du jonc et de la verdure, afin d'orner le palais archiépiscopal, à la Pentecôte et aux autres fêtes solennelles.

1. « *Proclamationes facte tempore dicti domini archiepiscopi, in quibus fecit se vocari* dominum *Narbone.... cessent ex nunc* ». (Inventaire des Archives de la ville de Narbonne, série AA (Annexes) CLXVI, pp. 339-340.)

2. A Pieusse, la moitié de ce droit appartient à l'archevêque, et l'autre moitié aux consuls. .

3. « *Los bandiers devon esser tengutz de tota malafacha com trobara, si no disian qui l'agues facha..* » (Ibid., XXX, p. 45.)

Droit de pêche. — L'archevêque de Narbonne a le droit de pêche dans l'Aude, à Narbonne, depuis le Pont-Vieux jusqu'à l'Arteillou; dans les étangs de Nissan et de Peyriac-de-Mer; dans la rivière d'Orbieu, à Las Egues et à Auriac; dans l'Agly, à Cubières; dans le Torgan, à Dernacueillette; et dans l'Aude, à Saint-Martin-Lys. A Cruscades, la pêche de l'étang est commune entre l'archevêque et le comte de Vendôme[1].

Droit de chasse. — Ce droit comprend la chasse des lapins, des perdrix (Villerouge, Auriac, Nissan, Villedaigne, Ventenac-d'Aude, Saint-Marcel, Gruissan, Fontarèche, etc.), des oiseaux dans les étangs de Cruscades, Sigean et Peyriac-de-Mer, et de toute espèce de gibier, à Las Egues. Nul ne peut chasser sans la permission de l'archevêque. Les contrevenants sont punis d'une amende de 40 sous (Cruscades) ou de 60 sous (Alaigne et Canet). A Sigean, cette amende est à la discrétion de l'archevêque.

Droit de gîte. — Lorsque l'archevêque se rend à Perpignan, le seigneur de l'hôtel de Queues doit lui céder son habitation, et mettre à sa disposition des lits, serviettes, grasals, écuelles de bois, tranchoirs et autres menus objets.

A Albières et à Quilhanet, quand l'archevêque ou son viguier vient faire les reconnaissances de fief, ses vassaux lui remettent les clefs du château et placent l'écusson ou la bannière de la cathédrale Saint-Just au sommet du donjon, en criant trois fois : « Vive l'église de Narbonne. »

1. Voy. : *Table des noms de personnes*, art. *Vindocinensis comes.*

Droit d'albergue. — Le droit d'albergue est le privilège qu'avaient les seigneurs de faire héberger chez leurs vassaux un certain nombre de chevaliers. L'albergue était souvent convertie en une redevance en argent.

A Routier, l'albergue due à l'archevêque a une valeur de 60 sous. L'archevêque de Narbonne a, à Salles-d'Aude, une albergue et un tiers ; à Albières et à Villerouge, une albergue ; à Capestang et à Poilhes, vingt-quatre albergues et cinq-sixièmes, variant d'un à huit chevaliers ; à Ventenac-d'Aude, les dix-huit albergues de l'archevêque valent douze florins. L'albergue de Sigean est dite *albergue des Catalans.*

Banalité des fours et des moulins. — En vertu du droit de banalité, l'archevêque retient, sur la cuisson, un certain nombre de pains qui varie suivant les localités. A Cruscades, Canet et Montels, le droit de fournage est le trentième, à Pieusse, le vingt-et-unième, à Nissan et à Capestang, le vingtième de la cuisson.

Les habitants d'Alaigne, Routier, Pignols et Malemate sont obligés de venir moudre leur blé aux moulins de l'archevêque à Pieusse, sinon ils sont passibles d'une amende de 40 ou de 60 sous. A Alaigne, cette obligation fut ensuite remplacée par une rente annuelle de huit muids d'orge.

L'archevêque de Narbonne possède à Canet un moulin à huile ; le droit de banalité s'élève à six deniers par

queue d'huile fabriquée; en outre, les noyaux des olives (*ossa olivarum*) appartiennent à l'archevêque. [1]

Droits de collation et de patronage. — L'archevêque
a la collation des offices de bandiers; de pédagogues des
écoles, à Limoux, Narbonne et Capestang; de l'office
de garde du grau pour l'entrée des navires; de marguil-
lier et de bedeau, dans l'église de Narbonne; et le droit
de patronage sur la chapelle érigée en l'église de Pia,
par feu Bernard Porcel, curé dudit lieu.

Droit d'épave. — Le droit d'épave est le droit qu'a
l'archevêque de s'attribuer les bêtes égarées qui errent
dans l'étendue de ses domaines, sans être réclamées par
leur propriétaire : *Habet animalia vocata de l'espave.*
Le texte du *Livre Vert* porte constamment les mots :
de l'espaus. Le mot *espaud* existant avec le sens de :
réserve dans une forêt, bois que l'on ne peut couper,
on pourrait interpréter cette phrase en disant d'une
façon plus générale que l'archevêque avait les animaux
de réserve dans la forêt, ou en d'autres termes : la
chasse réservée. Selon nous, cette interprétation doit
être rejetée. La *réserve* de la chasse est toujours
désignée dans le *Livre Vert* par le mot *devesia.* A
Las Egues de Fourtou, l'archevêque a : *devesiam*
cujuscumque venationis, et de plus : *animalia vocata*
de l'espaus. Si les mots *de l'espaus* avaient le sens de
chasse réservée, le rédacteur du Livre Vert, qui est
toujours très laconique, n'aurait pas répété sous une

1. Les noyaux des olives étaient utilisés comme engrais ou combustible. On s'en
servait aussi pour nourrir les porcs.

autre forme qu'à Las Egues, l'archevêque avait aussi *la réserve de toute espèce de gibier*.

Ducange cite une phrase latine analogue où le droit d'épave est exprimé par le mot français : *espave*, que nous proposons de substituer au mot *espaus* [1]. La version *de l'espaus* au lieu de *l'espave* nous paraît être l'une des nombreuses fautes qu'un copiste peu paléographe a commises en transcrivant le manuscrit original du *Livre Vert*.

Vet du vin. — Le vet du vin (*vetitum vini*) est le droit qui permet à l'archevêque de vendre son vin à l'exclusion de toute autre personne.

A Narbonne, ce privilège peut être exercé pendant le mois de mai ; à Quillan, il dure vingt-et-un jours ; à Nissan, de la Pentecôte à la fête de St-Jean-Baptiste ; à Canet, de la fête de St-Jean-Baptiste à l'Assomption de la Vierge. A Sigean, le vet du vin avait une durée de six mois ; il fut donné en emphytéose par l'archevêque à la communauté, moyennant trente florins.

REVENUS DE L'ARCHEVÊCHÉ

Les autres droits seigneuriaux qui constituent les revenus de l'archevêché de Narbonne se divisent en droits sur les personnes, sur les marchandises et sur

1. *Dicens quod illum (cervum) capiebat ratione altæ justitiæ, eo quod cervus ille a casu qui vulgariter dicitur de* Espave, *venerat ad illas partes.* » (Ducange, édit. Didot, in 4°, 1844, tome III, page 95, col. 3, verbo *Espava*).

les récoltes, en droits de mutation, redevances diverses et revenus provenant des cours archiépiscopales et des notairies du diocèse.

DROITS SUR LES PERSONNES. — Ces droits ou redevances sont : le cens et la quête. Il faut y ajouter les prestations connues sous le nom de corvées.

Le cens (*census*) est perçu : 1° en argent : il varie de 12 deniers (Campagne-sur-Aude) à 137 florins 7 soùs et 9 deniers (Narbonne); 2° en nature : gants, éperons, grains, épices, volaille, gibier, viandes salées. vin, huile, cire, bois, foin, etc.

La quête *(questa annualis)* s'élève à douze deniers par feu à Dernacueillette, Las Egues et Pasa. Elle est payée le jour de la Toussaint. A Malemate, la quête est fixée invariablement à 20 sous; à Fa, 30 sous; à Galinagues et Rodome, 4 livres 18 sous; à Ginoles, 6 livres 10 sous; à Gébetz, 16 livres 15 sous; à Saint-Marcel, 25 livres; à Routier, Nissan et Pieusse, 30 livres.

Les deux principales corvées sont : l'asenayrie (*asinaria*) et la boayrie (*boeria*). Elles sont quelquefois appelées *asinate* et *boate*.

L'asenayrie est la corvée qui consiste à porter à dos d'âne la vendange dans les celliers de l'archevêque et le blé provenant des dîmes et des tasques dans ses greniers au moyen de sacs et de cabas (Salles-d'Aude, Canet, Cruscades, Capestang, Poilhes, Ventenac, Saint-Marcel).

***

Les hommes qui conduisent les ânes sont généralement nourris aux frais de l'archevêque ; à Pieusse, ils reçoivent une indemnité de quatre ou de deux deniers par charge de vendange, suivant la durée plus ou moins longue du trajet.

La boayrie est une corvée due par les personnes possédant des bœufs ou autres animaux de labour.

La boayrie est simple ou double. La boayrie simple est une corvée d'une journée de labour dans les condamines de l'archevêque (Nissan, Poilhes, Routier).

A Sigean, ceux qui ont une ou plusieurs paires de bœufs paient en outre un cens annuel d'une pugnière d'orge ou de quatre deniers par animal ; et à Routier, une redevance ou sivadage de deux quartières d'orge.

A Pasa, Pia et Villerouge, la boayrie est double. On y exige une journée de travail dans les vignes ou les terres de l'archevêque, et une autre journée pour transporter le blé ou secouer les gerbes sur le sol à dépiquer.

Les serfs de l'archevêque ainsi que ses anciens serfs affranchis sont soumis à la boayrie double.

A Quillan, Canet et Pia, les personnes qui ne possèdent aucune bête de labour sont employées au pressoir de l'archevêque ou travaillent, avec la fourche, dans l'aire à battre les grains ; à Pasa, elles curent le rec ou ruisseau du moulin, le troisième jour après la Pentecôte. [1]

1. Tous les habitants de Pasa doivent faire le transport des meules quand on répare le moulin de l'archevêque.

Les plus lourdes charges sont celles qui pèsent sur les habitants de Pieusse. Ils sont assujétis à la boayrie double. De plus, ils doivent annuellement 5 setiers et 20 pugnières d'orge, une émine de froment par chaque paire d'animaux de labour, et deux migères de vin. En retour, lorsqu'ils cultivent les terres de l'archevêque, celui-ci leur fournit la boisson et la nourriture, et met à leur disposition un maréchal pour ajuster les instruments nécessaires aux travaux des champs.

Les habitants de Canet et de Ventenac sont astreints à un troisième genre de corvée. Quand le bac de l'archevêque a besoin d'être réparé, ils doivent le tirer hors de l'eau à leurs frais et le remettre ensuite à flot. Si le bac échoue sur le rivage ou s'il s'en va à la dérive, sans que ce soit par la négligence du pilote, ils sont obligés de le rechercher et de le ramener dans le port, aux frais de l'archevêque. Cette corvée leur vaut l'exemption du droit de passage aux bacs de ces deux localités.

Droits sur les marchandises. — La leude est un droit de péage perçu sur les marchandises, telles que les oignons, les choux, les raiforts, le pain, le poisson [1] (Narbonne, Auriac, Villerouge), les oules ou pots de terre (Alaigne), le bois (Canet), le sel, la viande de boucherie (Capestang, Sigean, Canet, Narbonne). [2]

1. L'archevêque et le vicomte de Narbonne prélèvent aussi le vingtième des thons vendus à Narbonne, et le quart des dauphins et des thons pris dans la mer dudit lieu, moins la ventrée qui appartient aux pêcheurs.

2. A Capestang et à Quillan, on perçoit sur le blé et l'huile un droit de mesurage *(mensuragium bladi et olei, mensuram bladorum)*, et à Canet, un droit de pesage sur le pain *(pondus panis)*. A Narbonne, l'archevêque a la leude de la *bose*, ou massette à feuilles longues et étroites qui croît sur le bord des étangs. On l'exploite pour en former des nattes ou pour faire le siège des chaises.

La leude des oignons est une redevance d'une botte ou fourc par charge; celle des choux est d'une obole; et celle des raiforts, d'une obole ou de deux raiforts, au profit de l'archevêque, du vicomte ou de Raymond de Saint-Just.

La leude du pain est une redevance d'un pain ou d'un denier, monnaie de Narbonne, due chaque semaine par les boulangers de la Cité. La même redevance est perçue sur chaque charge de pain vendue à Narbonne par les étrangers.

La leude dite de terre et de mer produit à Narbonne un revenu annuel de 500 livres.

La leude de mer, levée au grau de Narbonne, appartenait primitivement aux vicomtes. Aymeric, fils de la vicomtesse Ermengarde et du comte Pierre, en donna la moitié à l'archevêque par un acte de l'année 1215, confirmé par le pape Honoré III, en 1222. [1]

Quant à la leude de terre, elle était dévolue pour le cinquième à l'archevêque et pour le reste aux vicomtes. La portion des vicomtes passa au domaine du roi en 1508, par l'échange de la vicomté contre le duché de Nemours. Le roi en fit l'abandon à la ville de Narbonne en 1549, en l'affranchissant des tailles et du paiement de l'équivalent et des munitions mortes, sous la condition d'entretenir, pour y faire le guet, une morte-paye de 200 hommes. En 1688, ce droit fut de nouveau réuni au domaine, par un arrêt du Conseil d'État, rendu à la requête du fermier général de la province. [2]

1. *Inventaire des Archives de la ville de Narbonne*, série AA, page 74.
2. Ibid., série BB, tome I, page 4.

La leude des *carras* (*leuda carrassellorum*) est un droit d'un denier, monnaie de Narbonne, perçu à Canet, sur chaque radeau ou train de bois.

La leude de la boucherie (*leuda macelli*) est prélevée sur les porcs et les bœufs. A Canet, l'archevêque reçoit les échinées de porc (*los nombles porcorum*); à Narbonne, la moitié de la leude des langues de bœuf et des pieds de porc.

La moitié de la leude des langues de bœuf et des « pieds, cols, poitrines[1], rognons, filets et longes » de cochon avait été attribuée à l'archevêque de Narbonne, par sentence arbitrale du mois d'octobre 1214, moyennant le paiement d'une soulte de 5000 sous melgoriens faite en faveur de Bernard Amiel, de Villedaigne. L'autre moitié appartenait à l'église Notre-Dame de Lamourguier [2].

DROITS SUR LES RÉCOLTES. — Les droits seigneuriaux de l'archevêque sur les récoltes sont dus : 1° par les communautés ; 2° par les églises paroissiales et les chapelles rurales.

Les redevances dues par les communautés se nomment: agrier, tasques, tiers, quart, quint et septième. Elles sont prélevées sur le vin, le blé, les olives et les foins.

Les redevances dues par les églises paroissiales et les chapelles rurales portent le nom particulier de dîmes.

---

1. On lit dans le manuscrit : *pechalium, pechali, pecalibus*, sans abréviation, pour *pec(tor)alium, pec(tor)ali, pec(tor)alibus*? (Livre Vert... pp. 8 et 84).

2. En 1700, le droit des langues de bœuf fut transformé en une albergue annuelle de six livres. (*Inventaire des Archives de la ville de Narbonne*, série **BB**, tome II, p. 782.)

L'archevêque de Narbonne perçoit rarement la dîme entière des fruits et des récoltes [1]. Il la partage le plus souvent avec le curé, le vicaire de la paroisse ou le prieur du lieu, et quelquefois avec les chanoines de Saint-Etienne de Narbonne (Poilhes) ou la maison de Saint-Jean de Jérusalem (Preisse).

A Malviès, l'archevêque ne prélève que le seizième de la dîme; le quatorzième, à Castelreng; le huitième, à Cépie, et les trois-huitièmes à St-Pierre-des-Champs, et Villelongue; le sixième, à Bellegarde; le cinquième, à Cailhau; les deux-cinquièmes, au Villa-des-Ports et les quatre-cinquièmes, à Poilhes; le quart, à Feuilla, Fraissé-des-Corbières, Belcastel, Villesèque, Coustouge, Fontjoncouse, Dompneuve, Cucugnan, Donos, Auriac; le tiers, à Fitou, Durban, Cascastel, Montseret, Villerouge, Talairan, Routier, Brézilhac; les deux tiers à Mairan et à Preisse; la moitié, à Sigean, Leucate, Ferran, Las Egues, Monthaut, Villemartin, Montgradail, etc.

Certaines églises des baylies de Canet, Alaigne et Sigean sont tenues de payer à l'archevêque de Narbonne une autre redevance fixe en grains (*pensio de blado, de ordeo; quartonetum*).

Cette redevance (*pensio*) en grains est apportée dans les greniers de l'archevêque, aux frais des curés. En froment, elle varie de 7 setiers (Saint-Martin de Taucques) à 32 setiers (Sainte-Valière). En orge, de

---

1. Il a aussi une partie du *carnalage* ou impôt sur la chair, et des *prémices* ou redevances sur les troupeaux.

9 setiers (Montrabech) à 43 setiers (Notre-Dame de Canos). A Notre-Dame de l'Olive, elle est remplacée par une redevance en huile. Le chapitre de Capestang doit tous les ans quatre setiers de touzelle [1] pour l'union du prieuré dudit lieu au chapitre.

Le droit du quart (*quartonetum*) est également payé en orge et en froment. Le *minimum* est d'un setier (Villesèque-des-Corbières, Castelnau-d'Aude, Cascastel, Figuières) et le *maximum*, de 42 setiers (La Redorte) [2].

Cours archiépiscopales et notairies du diocèse. — Les revenus provenant des cours archiépiscopales (cour de l'officialité, cour de la temporalité, cour d'appel) sont produits par les droits de sceau, les droits de cire et les amendes diverses.

Les revenus des notairies relevant de l'archevêché sont payés en cire ou en argent. Outre les notairies se rattachant aux cours archiépiscopales [3], il y a à Narbonne une notairie des testaments et des contrats de mariage qui rapporte chaque année 20 livres d'argent et 20 livres de cire, le jour de la Nativité de Notre-Seigneur et le jour de la fête de Saint-Jean-Baptiste.

Les principales notairies citées dans le *Livre Vert* sont celles de : Lézignan, Fabrezan, Canet, Caunes, Montbrun, Capestang, Gruissan, Sigean, Villerouge, Limoux [4] et Pia.

---

1. La touzelle est une sorte de froment dont le grain n'a pas de barbe.
2. Plusieurs églises paient une redevance en argent (*pensio in pecunia*), variant de 6 sous tournois (Caumon) à 4 livres (Castelmaure.)
3. Celle de l'officialité donnait un revenu de 12 livres de cire par an.
4. La notairie de Limoux payait une redevance annuelle de 40 écus.

DROITS DE MUTATION. — Les droits de mutation sont : le foriscape (*foriscapium*) et les lods et ventes (*laudimia*). Le droit de foriscape est, à Pia, le tiers du prix de vente pour tous les fiefs nobles.

REVENUS DIVERS. — Parmi les autres sources de revenus de l'archevêché, il convient encore de signaler : les redevances en argent payées par les moulins situés dans les communautés de Peyriac-de-Mer , Salza , Villerouge , Félines , Albières , Laroque-de-Fa , Las Egues , etc. ; la location des boutiques appartenant à l'archevêché (Narbonne); les maisons, jardins , prés et condamines données en emphytéose [1] (Poilhes, Canet, Villedaigne , Ventenac-d'Aude, Saint-Marcel , Narbonne) ; et enfin les redevances synodales dues par le grand archidiacre de Narbonne (77 sous et 10 deniers) et les archidiacres du Razès (40 sous) et des Corbières (60 sous).

PERCEPTION
DES REVENUS DE L'ARCHEVÊCHÉ

———

Au point de vue de la perception des impôts , le diocèse de Narbonne est divisé en baylies (*baviliæ* ou *baliviæ*).

Le bayle ou receveur (*bavilus receptor*) est chargé de veiller au paiement des redevances dues à l'archevêque.

1. *Ad accapitum.*

Les baylies mentionnées dans le *Livre Vert* sont au nombre de sept. Ce sont les baylies de Narbonne, Capestang, Canet, Sigean, Villerouge, Alaigne et Pia.

Les revenus de l'archevêché se divisent en revenus casuels et en revenus fixes.

Les revenus casuels produits par les droits de leude, les dîmes, les tasques, etc., sont soumis à des changements très divers. Ils varient suivant l'abondance ou la disette des récoltes, la prospérité ou le ralentissement du commerce. Il est par conséquent impossible d'en évaluer le chiffre.

Les revenus fixes, perçus régulièrement chaque année, peuvent être déterminés plus facilement, du moins d'une manière approximative.

Le tableau qui suit donnera un aperçu des redevances fixes en argent et en nature contenues dans le *Livre Vert* de l'archevêché de Narbonne.

REDEVANCES EN ARGENT. — Les monnaies usitées pour le paiement de ces redevances sont les monnaies de Narbonne, de Tours et de Barcelone.

En monnaie de Tours, les revenus de l'archevêché s'élèvent *environ* à 1213 florins, 40 gros d'argent, 40 écus, 1 marc d'argent, 1733 livres [1], 1 sou, 10 deniers, 6 oboles, 2 pites et 1 pougeoise [2].

1. Sous Jean II, de 1351 à 1360, époque à laquelle fut rédigé le *Livre Vert*, la valeur de la livre, du sou et du denier, subit 71 mutations (de 13 fr. 59 à 3 fr. 22 ; de 0,6795 à 0,1612 ; de 0,0566 à 0,0134). Au mois de décembre 1360, la livre valait 10 fr. 92 ; le sou, 0 fr. 5462 ; le denier, 0 fr. 0455.

2. L'obole valait la moitié d'un denier tournois ; la pite et la pougeoise, une demi-obole ou le quart d'un denier tournois. La pite était ainsi appelée parce qu'elle fut d'abord en usage dans le Poitou.

En monnaie de Barcelone : 2 marbotins d'argent [1],
156 livres, 9 sous, 10 deniers, 2 oboles [2].

REDEVANCES EN NATURE. — Les mesures employées
pour l'évaluation des redevances en nature perçues par
l'archevêque sont celles de Narbonne, de Limoux, et du
pays de Sault.

Mesures de capacité pour les grains. — Le setier,
mesure de Narbonne, valait à la fin du XVIIIe siècle,
d'après le *Tableau officiel des anciennes mesures du
département* [3], 70 litres 99 cent; à Limoux, 76 litres
40 cent; à Chalabre, 101 litres 99 cent.

Le setier est divisé en quatre quartières; la quartière,
mesure de Narbonne, contient 17 litres 74 cent.; celle de
Limoux, 19 litres 10 cent., et celle de Chalabre, 25
litres 49 cent.

La pugnière est le quart de la quartière, et a par
suite dans ces trois localités une contenance de 4 litres
435, 4 litres 775 et 6 litres 3725.

1. Le marbotin d'argent avait une valeur de sept sous : « *Unum marbotinum de
argento valet septem solidos barcelonenses.* » (Livre Vert... page 57).

2. En 1368, la livre de tern, de Barcelone, valait 12 fr. 415; le sou, 0 fr. 6207;
le denier, 0 fr. 0517; l'obole, 0 fr. 0258.

3. *Tableau des anciennes mesures du département de l'Aude comparées aux
mesures républicaines*, publié par ordre du Ministère de l'Intérieur, an VII de
de la République, Carcassonne, in-8°, 15 pages. Ce tableau fut rédigé par la
Commission des poids et mesures du département. Nous l'adoptons de préférence
à la *Métrologie de l'Aude* de M. Cantagrel (in-8°, 1839, Carcassonne, 56 pp.),
dont les divergences sont d'ailleurs fort peu sensibles. Ces deux tableaux ne font
pas connaître la valeur locale de plusieurs autres mesures mentionnées dans le
Livre Vert, telles que le muid et l'émine pour les grains; le setier, l'émine et
le barral pour les liquides. Le muid de blé valait à Paris douze setiers; l'émine,
un demi-setier. La *sarcinata* ou *salmata* était une mesure équivalant à une
charge de bête de somme.

Mesures de capacité pour les liquides. — Ces mesures sont : le muid, la migère et le quarton. A Narbonne, le muid pour le vin vaut 368 litres 624 et la charge 94 litres 656. La migère pour l'huile varie entre 7 litres 144 et 11 litres 609 ; pour les autres liquides, elle a une contenance de 9 litres 846 à 13 litres 128. Le quarton, mesure de Narbonne, contient 1 litre 479 et 2 litres 051, selon le poids du liquide.

Poids. — Le quintal vaut, à Narbonne, 100 livres ; la livre, 407 grammes 650, et l'once, 25 grammes 478.

Les redevances en nature de l'archevêché de Narbonne étaient payées en grains, gants, éperons, épices, vin, huile, pains, gâteaux ou fouasses, raisins, gibier, volaille, objets de cuisine, etc.

En froment et en méteil, elles s'élèvent environ à 30 muids, 1286 setiers, 11 émines, 39 quartières, 15 pugnières et demie.

En avoine : 69 setiers, 2 émines, 10 quartières.

En avoine et en arraou [1] : 95 setiers, 2 émines, 2 pugnières.

En orge : 24 muids, 2591 setiers, 27 émines, 22 quartières, 40 pugnières.

En touzelle : 4 setiers (chapitre de Capestang).

En gants : 12 paires (Limoux, abbaye de Montolieu, Alaigne, Pia, etc.)

1. *L'arraou* est un mélange de blé et de seigle.

En éperons d'argent : 2 paires (Pia et Narbonne).

En épices : 19 livres de poivre (Narbonne, Saint-Marcel, Fontfroide, Quillan, Capestang, Poilhes, etc.), et une charge de sel (Coursan).

En vin : 104 muids, 28 setiers, 138 quartons, 1 émine, 1 barral et quelques charges.

En huile : 105 setiers, 14 peghes et demi [1], 5 quartons, 1 émine, 1 migère.

En cire : 115 livres et un tiers, 7 quartons et 5 onces.

En pains et en fouasses : 20 pains et un quart (Ventenac et Saint-Marcel) ; 22 livres de pain (Alaigne) et un nombre indéterminé de fouasses ou gâteaux blancs [2]. A Saint-Martin-Lys, chaque fouasse doit valoir une livre de pain. A Saint-Marcel, chaque pain vaut un denier.

En raisins : un caillier (*plenum calatum*) à Narbonne, et 5 corbeilles (*quinque garbelones*) à Quillan.

En gibier : 3 lapins (Pia et Canet) ; 6 perdrix et demie (Quillan et Pia) ; 1 pigeon ramier ou *favars* [3] (Pia) ; un pluvier ou un biset (Sigean).

En chair : plusieurs quartiers de mouton, de porc, de viandes salées et un agneau (Alaigne).

1. Le peghe (*pegarius*) contenait 8 setiers, mesure de Paris.
2. « *Fogassœ albœ, multœ, aliquœ...* » A Saint-Martin-Lys, 16 ; à Galinagues et Rodome, 2.
3. Le mot *favars* signifie : mangeur de fèves. Le pigeon ramier est ainsi nommé parce qu'il aime les féverolles.

En volaille : 5 poulets, 804 poules, 1 coq (Galinagues), 10 oies (Pia et Canet), et 40 œufs (Boulude).

En foin : une charge ou trousse (Capestang).

En bois : 150 quintaux (Capestang).

En objets de cuisine : écuelles de bois (*scutellæ ligneæ*), grasals ou jattes (*grasaleti*) et tranchoirs (*incisoria*).

L'évaluation des revenus de l'archevêché que nous venons de donner est évidemment incomplète, surtout en ce qui concerne les revenus en argent. Par suite de la disparition des comptes des bayles, qui remontaient à la première moitié du xIVᵉ siècle, nous ne pouvons fournir sur ce point des renseignements plus précis.

LIVRE VERT

DE

L'ARCHEVÊCHÉ DE NARBONNE

———

LIVRE VERT

DE

L'ARCHEVÊCHÉ DE NARBONNE

———×∼∼∼∼———

In isto libro continentur omnia et singula iura, deveria, census, usatica, redditus, obventiones domini mei Narbonensis archiepiscopi et totius archiepiscopatus Narbonensis, ubique sint et quibuscumque rebus existant, et etiam castra, loca, villæ, hospitia et omnia alia quæ habet in villa, diocesi Narbonensi et alibi.

I

DE NARBONA.

Et primo habet in civitate Narbonæ palatium suum novum et pulchrum, in quo nunc est ædificata cappella valde pulchra in honorem beatissimi Martialis.

Item in dicto palatio, inter turrim beatissimi Martialis a parte carrieriæ, sunt quinque operatoria conducta, per dominum meum Petrum de Judicia nunc præsidentem constructa, quæ valent communibus annis LXXX florenos.

Item habet aliud palatium alii contiguum, in quo est cappella Sanctæ Magdalenæ satis pulchra, et turris antiqua quæ consuevit esse campanile ecclesiæ antiquæ Narbonensis, et per transactionem etc.

Item habet ibi curiam officialis ordinariam valde solempnem cum annexis, scilicet emolumentis sigilli, pena ceræ, compositionibus et emendis ad forum ecclesiasticum pertinentibus.

Item habet ibi notariam in dicta curia multum bonam; quæ quidem notaria facit annuatim, in festo Nativitatis Domini, duodecim libras ceræ, prout in libro usaticorum inferius [continetur].

Item licet officialis sit judex appellationum; tamen habet alium judicem et curiam appellationum cum notaria et aliis annexis.

Item habet in civitate et in burgo Narbonæ et eorum suburbiis, in certis locis et terminalibus, jurisdictionem altam et bassam cum mero et mixto imperio.

Item domus et hospitia clericorum et militum quæ sunt in ea parte civitatis quam tenet dominus vicecomes ab eo et ecclesia Narbonensi, sunt in jurisdictione domini Narbonensis archiepiscopi, prout in homagio quodam vicecomiti facto continetur.

Item habet in Narbona curiam temporalem , scilicet cum annexis emendis et compositionibus et omnibus aliis ad curiam temporalem pertinentibus.

Item habet notariam in Narbona, notariam testamentorum et nuptiarum valde bonam et solempnem ; quæ quidem notaria facit annuatim dicto domino Narbonensi viginti libras in pecunia et viginti libras ceræ, medietatem in festo Nativitatis Domini et aliam in festo beati Joannis Baptistæ.

Item habet in platea civitatis Narbonæ quamdam domum vocatam *la Peyssoneria* suam propriam, in qua habet iurisdictionem omnimodam, et sunt ibi decem botigæ quæ faciunt anno quolibetdomino annuum censum.

Item ibidem levantur caulagia, leuda et redditus peyssoniæ de quibus infra.

Item habet leudam de cepis, aliter cebas, undecumque deportentur venales Narbonæ, de qualibet sarcinata unum furcum, et dividitur in duodecim partibus in quibus dominus percipit septem, Raymundus de Sancto Justo quatuor, vicecomes unam partem.

Item habet etiam leudam caulum, videlicet de qualibet sarcinata obolum vel valorem, quæ aportantur de ex Narbona venalia æquis partibus inter dominun et vicecomitem dividendo ; idem de rafanis, de qualibet sarcinata duos rafanos vel obolum, ut supra dividendo.

Item habet de omnibus dalfinis et tonis qui captantur in mari de Narbona certam quartam, videlicet deducta et levata ventresca quæ debet esse piscatorum, caput et residuum est domini et vicecomitis, æquis partibus dividendo.

Item habet dominus cum vicecomite vicesimam partem omnium piscium vocatorum tonis qui asportantur venales apud Narbonam, pro decima æquis partibus ut prius dividendo.

Item habet dominus in Narbona vetitum per totum mensem maii; itaque nullus debet proclamare vinum, et si ponatur ramus vel aliquod signum, dominus potest amovere impune et proclamare inquestam.

Item nullus debet immittere vinum in Narbona sine licentia, et si capiatur vinum, domini est sibi confiscatum.

Item nullus debet piscari in Atace a Ponte Veteri usque ad Ardalhonum sine licentia domini, sub pena arbitraria.

Item sachrista minor ecclesiæ Narbonensis debet domino anno quolibet in festo Purificationis Beatæ Mariæ unam candelam sive corticum quatuor librarum ceræ albæ.

Item idem sachrista debet parare domino reverentiam et obedientiam manualem in sua novitate.

Item habet in burgo Narbonæ furnum proprium vocatum *Devedat,* cum duobus sotulis et duobus soleriis eidem furno contiguis; consueverunt valere de logerio viginti libras.

Item habet in dicta parrochia quoddam casale sive patuum quod dominus Petrus de Judicia, nunc præsidens, acquisivit a Bernardo de Aurio et postea dedit ad accapitum divisim emphiteotis; et sunt ibi tria ædificata hospitia valde pulchra in quibus dominus percipit annuatim censum sive usaticum septemdecim librarum cum laudimio et foriscapio.

Item habet etiam quod banderii sui debent sibi et vicariis, ipso absente, ad domum archiepiscopalem in vigilia Assumptionis Beatæ Mariæ, beati Laurenlii, beati Bartholomei de racemis plenum calatum ob reverentiam jeiunii apportare.

Item ipsi banderii debent portare juncum et fresqueriam ad domum archiepiscopalem pro aula et cameris, in festo Penthecostes et aliis festivitatibus solemnibus.

Item habet dominus in civitate Narbonæ, prope ecclesiam Sancti Sebastiani, quoddam hospitium pulchrum cum puteo et viridario quod quondam fuit domini Bernardi Maynardi, per dominum Petrum de Judicia, nunc archiepiscopum, acquisitum.

Item habet aliud hospitium cum cava sive bova in dicta civitate, quod quidem fuit domini Arnaudi Scamnerii per preffatum dominum meum de novo acquisitum.

Item habet aliud hospitium in dicta civitate, loco vocato ad *Podium d'En Salas* per preffatum dominum meum cum viridario et domibus sibi contiguis a Bernardo de Salis domicello et aliis divisim acquisitum.

Item habet in predicta parrochia de Monachia in riperia fluvii Attacis unum molendinum destructum.

Item habet in eadem parrochia unum campum proprium vocatum de *l'Estar*; datum est ad accapitum quatuor sestariorum frumenti.

Item habet ortum proprium qui conducitur; datum est ad accapitum quatuor sestariorum frumenti et unum par calcarum.

Item habet tres botigas quæ conducuntur; iam inde sunt Prædicatorum, amore Dei eis datæ, maxime quia inutiles domino et suæ ecclesiæ.

Item habet in eadem parrochia unam cappellam ruralem vocatam de Sancto Laurentio.

Item habet ibidem unam grangiam contiguam dictæ cappellæ; alias cabanam, cum cortali et uno campo eidem contiguo.

Item habet ibi prope quandam condaminam novem modiatarum quæ quondam fuit Johanniis Bamonati, datum acquisitum faciebat pro usatico quinquaginta duos solidos.

Item habet stagnum vocatum de Sancto Laurentio et aliud bosile ubi nullus debet recipere ligna sive tamarisses nisi de licentia, nec etiam bosam sive juncum nisi solvat pro faissello unum cepe, et pro sarcinata duodecim denarios Narbonenses.

II

DE SANCTO LUPO.

Sequitur locus de Sancto Lupo, situs in terminalibus de Narbona, qui totus est domini archiepiscopi Narbonensis cum omnimoda jurisdictione alta et bassa et mero et mixto imperio et primis appellationibus.

Item habet in dicto loco quæ sequuntur per ordinem.

Primo hospitia plura cum cappella in honore Sancti Lupi et Sancti Vincentii fundata.

Item habet ibidem duos ortos contiguos dictis hospitiis.

Item idem unam magnam condaminam : *le Fleix*; data est ad novum accapitum divisim emphiteotis, ut in libro usaticorum continetur, sexaginta unius libræ cum laudimio et foriscapio.

Item habet ibidem devesiam cuniculorum ubi nullus debet venari sine licentia ipsius.

Item habet ibi tamarisiam ubi nullus debet ligna recipere, sub pena arbitraria.

Item habet dominus archiepiscopus Narbonæ in tribus locis devesias cuniculorum videlicet in loco vocato de Sancto Lupo et in loco vocato *la Malhola* et in loco vocato de *Caytineria*, quæ loca sunt de jurisdictione sua omnimoda et nullus debet ibi venari cuniculos, sub pena arbitraria.

Item habet boeriam duplicem ; hospitale Santi Pauli pauperum debet facere aratra in condamina Sancti Lupi anno quolibet ad seminandum bladum cum bobus.

Item dictum hospitale debet unum jornale cum omnibus equabus ad excutiendum frumentum dicti archiepiscopi.

Item dicta *la Cocumbreria* debet unum jornale de aratro cum bobus ad seminandum bladum dicti archiepiscopi, et dictus archiepiscopus tenetur eis facere expensas in vicinalibus solum.

Item habet in Narbona leudam terræ et maris pro parte sua, alia pars est domini Guilhermi de Narbona; pars domini archiepiscopi consuevit valere anno quolibet quingentas libras.

Item habet ibidem leudam sive redditum peyssonaria de Narbona, quæ consueverunt valere anno quolibet quadringentas libras.

Item habet redditus linguarum boum et pechalium ac pedum porcorum ; pro quolibet pechali recipit unum Narbonensem pro parte sua, alia pars est prioris Beatæ Mariæ de Monachia omnium supradictorum, ita quod dominus archiepiscopus recipit medietatem et prior aliam tam in civitate quam in burgo ; et de quolibet porco duos pedes, videlicet dominus unum et prior alium.

Item habet medietatem leudæ panis, alia medietas est vicecomitis Narbonæ ; valet pro quolibet flequerio civitatis pro qualibet septimana unum panem vel unum denarium Narbonensem, et pro sarcinata undecumque pro vendendo Narbonæ per extraneos apportetur unum panem vel unum Narbonensem.

Item habet pasturagium de Mandiraco ; consuevit vendi quinquaginta libris.

Item habet pasturagium de Visco, quod communiter consuevit vendi triginta libris.

Item habet pasturagium de la Lonha, quod dominus archiepiscopus dedit hominibus castri de Gruissano cum conditione et consilio.

Item habet dominus archiepiscopus banderagium in certis terminalibus de Narbona.

Item habet redditus celicorni videlicet decimam, tascam et alia agreria.

Item habet redditus bosse ; pro uno fayssello, unam cepam; et pro sarcinata, octo denarios turnonenses.

Item habet scagia passuum de Monachia et de Villari de Fargis.

Item dominus archiepiscopus confert scholas in civitate Narbonæ ; nullam tamen pentionem sibi faciunt.

Item dominus archiepiscopus confert officium mazellarii in ecclesia Narbonensi.

Item confert officium bedellatus sive bedelli solus et in solidum.

Item recipit dominus archiepiscopus Narbonæ sinadotica in sinodo hyemali.

Primo archidiaconus maior solvit in ecclesia Narbonensi septuaginta septem solidos et decem denarios.

Item archidiaconus Corbariæ solvit sexaginta solidos.

Item archidiaconus Reddesii solvit quadraginta solidos.

III

CENSUS ANNUALES DEBITI IN NARBONA.

Sequntur census annuales debiti in Narbona anno quolibet domino archiepiscopo Narbonæ.

Primo in pecunia centum triginta septem florenos septem solidos et novem denarios.

Item pro oboleis terminalis Sancti Laurentii siti in parrochia de Monachia, centum solidos vel circa.

Item recipit in dicto terminali pro venatione · sive usatico annuo, triginta solidos.

Item de frumento, unam poneriam.

Item pro campo et orto de Scarto, octo sestaria frumenti.

Item de ordeo, viginti novem sestaria.

Item notaria de Fabresano solvit de pentione sive censu duas libras ceræ.

Item notaria de Caneto, unam libram ceræ.

Item notaria de Monte Bruna, de cera duas libras.

Item notaria de Caunis, de cera duas libras.

Item navis de Sancto Marcello, de cera duas libras.

Item Joannes Drudonis de Narbona pro uno molendino quod tenebat a domino archiepiscopo Narbonensi tres libras ceræ; nunc non solvit quod molendinum est destructum et remissum domino pro nunc præsidente.

Item devesia vocata Villa Juzarga consuevit solvere de cera unam libram; nunc vero non solvit quod dominus archiepiscopus quittavit eam; data est ad accapitum ad tres eminas ordei.

Item navis de Sancto Marcello solvit tres libras piperis.

Item navis del Gua de Narbona, unam libram piperis.

Item magister Joannes Cepete solvit unam libram piperis.

Item dominus archiepiscopus recipit in parrochia Beatæ Mariæ de Monachia et in terminali de Villarum de Fargis pro parte sua decimam et tasquam, et tersones, quartum, quintum in bladis, vineis, oleis; dominus percipit septem partes, dominus rector quinque partes in terminali de Villarum de Fargis sive plurium, et in terminali de Cruce medietatis et aliam medietatem capitulum Sancti Pauli.

Item recipit in parrochia de Monachia medietatem totius carnelagii omnium animalium lemitarum de illis qui tenent animalia sua extra villam; de illis non qui tenent dicta animalia infra terminalia de Monachia est tota decima domini archiepiscopi et præmitia prioris.

Item dominus archiepiscopus recipit in civitate, burgo ac suburbiis et terminalibus multis, foriscapia et laudimia.

Item in terminali de Sancto Laurentio recipit solus et in solidum foriscapia et laudimia omnia, taschas et alia deveria.

Item magister Bernardus Stephani seu ejus heredes faciunt domino pro quadam vinea sita ad Garrigam Sancti Laurentii, quatuor libras piperis.

Item B. de Salis facit pro hospitio suo iuxta ecclesiam Narbonensem, unam libram ceræ.

Item dominus Fontis Frigidi facit annuatim dicto domino pro grangia de Pradinis, unam libram piperis.

Item habet in parrochia Sancti Pauli quamdam vineam valde pulchram, vocatam la Clausa de Navi-

cessa, per dominum meum nunc acquisitam, et quamdam aliam dicto Clausa contiguam, quæ fuit d'En Ama-
ponsleyra emptam per dominum.

IV

DE ALIQUIBUS ECCLESIIS.

Sequntur ecclesiæ quæ faciunt anno quolibet domino
archiepiscopo pentionem de blado, quam pentionem
rectores ecclesiarum tenentur apportare suis propriis expensis Narbonæ ad graneria domini archiepiscopi Narbonensis.

Primo ecclesia de Camone de frumento decem sestaria.. x sestaria.

Item eadem ecclesia de ordeo decem sestaria. x sestaria.

Item ecclesia de Monte Rebegio de frumento novem
sestaria................................. ix sestaria.

Item eadem ecclesia de ordeo........... ix sestaria.

Item ecclesia de Ornasonibus de frumento decem octo
sestariorum unam carteriam.... xviii sest. i cart.

Et eadem ecclesia de ordeo triginta octo sestaria unam
carteriam.................... xxxviii sest. i cart.

Item ecclesia Sancti Martini de Toca de frumento septem sestaria......................... vii sest.

Item de ordeo .... xiiii sest.

Item ecclesia de Sancta Valeria triginta duo sestaria.
xxxii sest.

Item eadem ecclesia de ordeo triginta duo sestaria ordei.
xxxii sest.

Item ecclesia de Villari de Portu de frumento viginti
quatuor sextaria...................... XXIIII sest.

Et eadem ecclesia de ordeo ;............ XXIIII sest.

Item ecclesia de Parasano de frumento viginti· duo
sestaria .... XXII sest.

Item eadem ecclesia de ordeo triginta duo sestaria,
inde... .... XXXII sest.

Item ecclesia de Botenaco de frumento...... VIII sest.

Item eadem ecclesia de ordeo............. XVI sest.

Item ecclesia de Robiano de frumento...... XVI sest.

Item eadem ecclesia de ordeo............. XVI sest.

Item domus Fontis Frigidi de frumento.. XXIX sestaria
emina.

Item eadem domus de ordeo........... . XXVI sest.

Item ecclesia de Canoys de frumento....... XXI sest.

Item eadem ecclesia de ordeo............. XLIII sest.

Item ecclesia de Cerama de frumento.. ..... XIII sest.

Item eadem ecclesia de ordeo............. XIII sest.

Item ecclesia de Gatpazenchis de frumento... XIII sest.

Item eadem ecclesia de ordeo........... XXVII sest.

Item ecclesia de Argenchis de frumento ..... IX sest.

Item eadem ecclesia de ordeo novem sextaria.. IX sest.

Item ecclesia Sancti Petri de Lico de frumento sexdecim
sextaria .... XVI sest.

Item eadem ecclesia de ordeo............. XXII sest.

Item capitulum de Capite Stanno debet annis singulis,
pro unione prioratus eidem capitulo facta , videlicet
quatuor sextaria tosellæ ad mensuram Narbonæ por-
tata in Narbona............. IIII^{or} sest. tosellæ.

Summa totius frumenti omnium pentionum supradictarum ecclesiarum........ II° LXI sext. III quart.
Summa totius ordei......... III° XXX sext. I quart.

V

HOMAGIA IN NARBONA.

Sequuntur homagia quæ fiunt domino archiepiscopo in
Narbona.

Primo dominus vicecomes Narbonensis facit domino
archiepiscopo Narbonensi homagium ligerum pro multis feudis et dominiis quæ tenet a domino archiepiscopo
in civitate et burgo Narbonæ, prout in instrumento recog-
nitionis et homagii continetur.

Item Bernardus de Salis domicellus facit homagium
domino archiepiscopo Narbonensi pro insula vocata de
Bosqueto, in terminalibus de Narbona.

Item Bedotius de Sejano, domicellus de Narbona, facit
homagium domino archiepiscopo Narbonensi pro macello
burgi Narbonæ et uno hospitio dicto macello contiguo.

Item Viguerius juvenis de Narbona vel sui heredes
faciunt homagium domino archiepiscopo pro garrigua
plana sita infra terminalia de Narbona ; vaccat quod
capitulum Sancti Stephani emit a dicto Viguerio et fuit
amortizatum per dominum , mediante tamen bona com-
pensatione, videlicet capitando solidos quos habebat capitulum in omnibus quæ percipiebat dominus judex vin-
herio et termino de Alaussano.

Item Petrus de Lacu de Narbona facit homagium domino archiepiscopo Narbonensi pro parte quam tenet ab eo in terminali de Loyna.

Item Jacobus Bandonis facit homagium domino archiepiscopo Narbonensi pro terminali de Loina et stanno contiguo ; totum tamen fuit acquisitum per dominum Petrum nunc præsidentem , et sic non facit homagium , imo cessat et vaccat homagium.

VI

DE GRUISSANO.

Sequitur locus de Gruissano qui est totus domini archiepiscopi Narbonensis , cum omnimoda iurisdictione alta et bassa et mero ac mixto imperio et primis appellationibus.

Item habet dictus dominus archiepiscopus in dicto loco quæ sequuntur per ordinem.

Primo castrum suum pulchrum proprium cum annexis.

Item habet in villa , iuxta ecclesiam parrochialem , unum hospitium cum solerio pro bladis et vineis tenendis; datum est ad novum accapitum et hospitium acquisivit magister Guilhermus Boni.

Item habet unum ortum proprium situm ultra aquam.

Item sunt in loco de Gruissano octo molendina de vento quæ tenentur a domino archiepiscopo Narbonensi sub prestatione annui census.

Item habet redditus maris, de graveria de gibietto.

Item habet officium custodiæ gradus navium quod officium confert.

Item habet ibidem devesiam cuniculorum cum pena.

Item habet ibidem cridam, inquantum et bandera-gium.

Item nullus debet piscari cum saoreto in stagnis de Narbona sub pena arbitraria inter dominum et vice-comitem dividendo equis partibus, ex nova transactione inter ipsos dominos facta.

VII

ITEM DE GRUISSANO.

Sequntur census annuales dicti loci debiti anno quoli-bet domino archiepiscopo Narbonensi de Gruissano.

Primo in pecunia . . . . LVIII S.

Item debent illi de Gruissano pro illa sarcinata pis-cium quam ab ipsis capiebat in Sancto Lupo tempore messium, annuatim . . . . XL grossos argenti.

Item de frumento . . . . I emynam.

Item habet in dicto loco agreria, tasquas, tersones, quartum, quintum in bladis, vinis, carnelagiis, oleis et aliis.

Item habet in dicto loco foriscapia et laudimia.

Item habet curiam temporalem cum annexis scilicet compositionibus et emendis.

Item notariam et vetitum vini.

Item omnes dicti loci tenentur facere domino suo archiepiscopo Narbonensi, in novitate sua et totiens quotiens voluerit, sacramentum fidelitatis.

Item habet in termino de Gruissano quamdam bastidam vocatam de Rayniac emptam et acquisitam per dominum nunc præsidentem, cum pertinentiis suis, stagnis, riperiis, condaminis, jurisdictione alta et bassa, vineis, pasturagiis et devesiis.

VIII

ECCLESIA DE GRUISSANO.

Sequitur quid et qualem portionem recipit dominus archiepiscopus in ecclesia de Gruissano.

Primo recipit medietatem totius carnelagii et ortalitiæ ac olei, et rector aliam medietatem.

Item in aliquibus terminalibus dominus archiepiscopus recipit totam decimam, et in aliquibus aliis rector et capitulum Narbonense.

IX

DE SALIS.

Sequitur locus de Salis qui est totus domini Narbonensis archiepiscopi cum omnimoda jurisdictione alta et bassa et mero ac mixto imperio et primis appellationibus.

2

Item habet dictus dominus archiepiscopus in dicto loco quæ sequntur per ordinem.

Primo unam turrim pulchram et fortem.

Item cavam fossatorum seu vallatorum circa turrim cum arboribus.

Item unum hospitium cum solario pro granerio et cellario.

Item unum pratum ; facit tria sextaria frumenti.

Item habet ibi cridam et inquantum et banderagium.

Item herberagium ripariæ in quo dominus archiepiscopus recipit duas partes et Bernardus de Salis tertiam partem ; pars autem domini archiepiscopi consuevit vendi anno quolibet duodecim vel quindecim libris.

Item habet ibi unum furnum cum districtu in quo dominus archiepiscopus recipit sextam partem et Bernardus de Salis quinque partes.

Item habet unum molendinum aquæ districtum cum herbagio et arboribus dicto molendino contiguis, in quibus dominus archiepiscopus recipit sextam partem et Bernardus de Salis quinque partes.

Item sunt in terminali de Salis in dominio domini archiepiscopi octo molendina de vento sub prestatione annui census qui computatur cum aliis usaticis.

Item omnes homines de Salis debent domino archiepiscopo facere anno quolibet asinariam ; tenentur enim apportare apud Narbonam ad graneria domini sui archiepiscopi totum bladum de decimis, tasquis, usaticis, et dominus archiepiscopus debet hominibus solum facere in Narbona expensas in prandio.

Item recipit in dicto loco agreria, tasquas, tersones, quartum, quintum.

Item foriscapia et laudimia.

X

ITEM DE SALIS.

Sequuntur census annuales dicti loci debiti anno quolibet domino archiepiscopo Narbonensi.

Primo in pecunia.................... XL s. .VI d.

Item ratione affrancamenti .... VII libras.

Item duas gallinas censuales.

Item ratione affrancamenti .... VII gallinas.

Item de frumento........ V sext. et quarteriam.

Item de ordeo.................... C sextaria.

Item habet dominus archiepiscopus albergam in dicto loco militum quam facit Bernardus de Salis anno quolibet et tertiam partem alterius.

Item habet curiam temporalem in dicto loco cum annexis, scilicet compositionibus et emendis.

Item notariam quæ respondet notariæ de Gruissano.

Item omnes homines dicti loci tenentur facere domino suo archiepiscopo, in novitate sua et totiens voluerit, sacramentum fidelitatis.

Item Bernardus de Salis facit homagium ligerum domino archiepiscopo Narbonensi pro omnibus hiis quæ tenet in dicto loco, et facit unam albergam et tertiam partem unius, ut supra.

XI

ECCLESIA DE MARMORERIIS.

Item ecclesia de Marmoreriis facit de pentione quolibet anno domino archiepiscopo :

Primo de frumento............... vi sextaria.

Item eadem ecclesia de ordeo....... vi sextaria.

Quam pentionem rector præfatæ ecclesiæ tenetur apportare expensis suis ad graneria de Salis domini archiepiscopi Narbonensis.

XII

ECCLESIA DE SALIS.

Sequitur quid et qualem portionem recipit dominus archiepiscopus in ecclesia de Salis, videlicet medietatem omnium bladorum, vini, olei, carnalagii ac ortalitiæ, et ultra habet tasquam de omnibus.

XIII

DE PERINHANO.

Sequitur locus de Perinhano qui non est domini archiepiscopi Narbonensis, sed recipit ibi anno quolibet quæ sequntur per ordinem.

Primo in ecclesia recipit tertiam partem, excepto manuali, quod est rectoris.

Item in dicto palatio, inter turrim beatissimi Martialis a parte carrieriæ, sunt quinque operatoria conducta, per dominum meum Petrum de Judicia nunc præsidentem constructa, quæ valent communibus annis LXXX florenos.

Item habet aliud palatium alii contiguum, in quo est cappella Sanctæ Magdalenæ satis pulchra, et turris antiqua quæ consuevit esse campanile ecclesiæ antiquæ Narbonensis, et per transactionem etc.

Item habet ibi curiam officialis ordinariam valde solempnem cum annexis, scilicet emolumentis sigilli, pena ceræ, compositionibus et emendis ad forum ecclesiasticum pertinentibus.

Item habet ibi notariam in dicta curia multum bonam; quæ quidem notaria facit annuatim, in festo Nativitatis Domini, duodecim libras ceræ, prout in libro usaticorum inferius [continetur].

Item licet officialis sit judex appellationum; tamen habet alium judicem et curiam appellationum cum notaria et aliis annexis.

Item habet in civitate et in burgo Narbonæ et eorum suburbiis, in certis locis et terminalibus, jurisdictionem altam et bassam cum mero et mixto imperio.

Item domus et hospitia clericorum et militum quæ sunt in ea parte civitatis quam tenet dominus vicecomes ab eo et ecclesia Narbonensi, sunt in jurisdictione domini Narbonensis archiepiscopi, prout in homagio quodam vicecomiti facto continetur.

LIVRE VERT

DE

L'ARCHEVÊCHÉ DE NARBONNE

—————✻〜〜〜—————

In isto libro continentur omnia et singula iura, deveria, census, usatica, redditus, obventiones domini mei Narbonensis archiepiscopi et totius archiepiscopatus Narbonensis, ubique sint et quibuscumque rebus existant, et etiam castra, loca, villæ, hospitia et omnia alia quæ habet in villa, diocesi Narbonensi et alibi.

1

DE NARBONA.

Et primo habet in civitate Narbonæ palatium suum novum et pulchrum, in quo nunc est ædificata cappella valde pulchra in honorem beatissimi Martialis.

Item recipit de usaticis in aliquibus terminalibus dicti loci in pecunia . . . . xxxii s. ii d. i obolum.

Item recipit in aliquibus terminalibus de Perinhano tascham et tersones, quartum, quintum.

Item recipit in aliquibus terminalibus foriscapia et laudimia.

XIV

DE CORTIANO.

Sequitur locus de Cortiano qui non est domini archiepiscopi Narbonensis, sed recipit ibi anno quolibet quæ sequntur per ordinem in censibus seu usaticis.

Primo de frumento . . . . i sestarium.

Item de ordeo . . . . vi sestaria.

Item in pecunia. . . . . vi solidos.

Item unam sarcinatam salis.

Item unum sestarium olei vel viginti solidos in caripmio.

Item habet dominus archiepiscopus Narbonensis in tota bavilia sua de Narbona animalia vocata *de l'espaus* [1].

Item debent esse plures census et aliqua alia deveria, si per bavilum dictæ baviliæ cum diligentia perquiratur.

XV

DE MONTELLIS.

Sequitur locus de Montellis qui est totus domini archiepiscopi Narbonensis, cum omnimoda jurisdictione alta et bassa ac mixto imperio et primis appellationibus.

---

1. Faute de copiste, lire *l'espave*, droit d'épave.

Item habet dominus archiepiscopus in dicto loco quæ sequntur per ordinem.

Primo suum castrum pulchrum cum annexis, scilicet garenis et aliis.

Item habet unum hospitium magnum et pulchrum subtus castrum cum annexis.

Item unum pulcrum viridarium dicto hospitio contiguum.

Item unum molendinum dicto hospitio contiguum cum districtu; datum est ad novum accapitum ad usaticum quatuor sestariorum frumenti, et debet molere quadraginta sestaria sine moltura.

Item habet ianuam castri, stabula equorum et feneriam.

Item unam seglam pro bladis tenendis, sitam iuxta stabula a parte meridiei.

Item habet unum furnum proprium cum districtu dequoqui ad trigesimum panem.

Item unum pratum situm in riperia districata.

Item octo condaminas proprias sitas in diversis territoriis castri.

Item duas vineas proprias sitas in territorio vocato...

Item ibi agreria, tasquas, tersones, quartum, quintum.

Item foriscapia et laudimia in loco et terminalibus.

Item cridam, inquantum et banna.

XVI

ITEM DE MONTELLIS.

Sequntur annuales census dicti loci anno quolibet domino archiepiscopo Narbonensi.

Primo in pecunia...... xxxvii sol. i obolum.

Item de frumento unam quarteriam duas ponerias.

Item de ordeo........ iiic xxvi sest. i pon. media.

Item tres gallinas censuales.

Item curiam temporalem cum annexis, scilicet compositionibus et emendis.

Item notariam.

Item omnes homines dicti loci tenentur [facere] domino suo archiepiscopo Narbonensi, in novitate sua et totiens voluerit, sacramentum fidelitatis.

XVII

DE ANISSANO.

Sequitur locus de Anissano qui est totus domini archiepiscopi Narbonensis, cum omnimoda iurisdictione alta et bassa, et mero ac mixto imperio et primis appellationibus.

Item habet in dicto loco quæ sequntur per ordinem.

Primo castrum suum proprium cum annexis et adiacentiis suis.

Item unum pratum proprium situm prope castrum.

Item octo condaminas proprias sitas in territoriis dicti castri.

Item devesiam et garenam cuniculorum cum pena.

Item inquantum et cridam.

Item banna.

Item furnum proprium cum districtu homines dicti loci decoqui ad vigesimum panem.

Item peyssoneriam seu piscationem piscium quam percipit in stagno dicti loci.

Item vetitum unum a festo Penthecostes usque ad festum beati Joannis Baptistæ.

Item habet aliquas mansatas adhuc.

Item habet boeriam; omnes homines dicti loci habentes animalia pro agricultura tenentur facere anno quolibet. unum iornale de aratro in condaminis domini sui archiepiscopi ad terram cultivandam.

Item omnes homines dicti loci qui sunt vel fuerunt de mansata, tenentur facere anno quolibet ultra boeriam unum jornale in area dicti archiepiscopi.

Item habet ibi dominus archiepiscopus tres albergas et consuevit habere quatuor; sed una est perdita, quare perquiratur per bavilum cum diligentia.

Item habet ibi herbagium prati.

XVIII

ITEM DE ANISSANO.

Sequntur census annuales dicti loci debiti dicto archiepiscopo Narbonensi.

Primo in pecunia .... xxv solidi.

Pro questa annuali solvenda in festo Omnium Sanctorum .... xxx^{ta} libræ.

Item de frumento.................. ii sestaria.

Item de ordeo .... v^c iii sestaria.

Item de cera............. ii libras et v^{que} untias.

Item ratione affrancamenti .... ix gallinas.

Item annuatim consuevit esse una gallina de censu, sed nunc non invenitur, quare per bavilum cum diligentia perquiratur.

Item habet ibi agreria, taschas, tersones, quartum, quintum.

Item foriscapia et laudimia in loco et in terminalibus.

Item curiam temporalem cum annexis, scilicet compositionibus et emendis.

Item notariam.

Item omnes homines dicti loci tenentur facere domino suo archiepiscopo Narbonensi, toties quoties voluerit, sacramentum fidelitatis.

Item Bertrandus Trilha de Capite Stangno facit homagium domino archiepiscopo Narbonensi pro aliquibus feudis quæ tenet in loco de Anissano.

Item una mulier de Bitteris vocata.... facit homagium domino archiepiscopo pro aliquibus possessionibus quas tenet a domino archiepiscopo in castro de Anissano.

XIX

ECCLESIÆ DE MONTELLIS ET DE ANISSANO.

Sequitur quidquid et quantum recipit dominus archiepiscopus in ecclesiis de Montellis et de Anissano.

Et primo recipit in ecclesia de Montellis, in toto terminali de Montellis, medietatem omnium scilicet bladorum, vini, olei, carnalagii ac ortalitiæ, et in terminali ecclesiæ Sancti Joannis de Cericata annexa ecclesiæ de Montellis bladum dividitur in septem et novem partes; itaque dominus archiepiscopus recipit septem partes et rector novem partes; et vinum et oleum dividuntur in quinque et septem partibus, et dominus archiepiscopus recipit quinque partes et rector septem partes.

Item in ecclesia de Anissano dominus archiepiscopus recipit in multis terminalibus medietatem bladi, olei et carnalagii; et vinum dividitur in tribus et quinque partibus, et dominus archiepiscopus recipit quinque partes et prior tres partes; et in terminali de Ausedima dominus archiepiscopus recipit totam decimam et omnium, et in terminalibus de Folpano et Sancti Andreæ tota decima et premitia est domini prioris. Et in terminali Sancti Joannis de Cayssano dominus archiepiscopus recipit totum, excepta premitia quæ est prioris; et in terminalibus Sancti Christofori prior recipit totum manuale, et sic dividuntur fructus ecclesiæ de Anissano inter dominum Narbonensem et priorem dicti loci.

Item habet dominus archiepiscopus Narbonensis in dicta bavilia animalia vocata *de l'espave*.

Item sunt plures [census], sed cum diligentia per bavilum dictæ baviliæ [perquirantur].

XX

DE CAPITE STANGNO.

Sequitur locus de Capite Stangno qui est totus domini Narbonensis archiepiscopi, cum omnimoda jurisdictione alta et bassa, et mero ac mixto imperio et primis appellationibus.

Et habet dominus archiepiscopus in dicto loco quæ sequuntur per ordinem.

Primo castrum suum proprium cum annexis.

Item habet, infra castrum predictum, unam cappellam bene dotatam redditus, cui cappellæ sunt aliæ duæ cappellæ rurales annexæ, scilicet cappella Sancti Juliani de Curte Oliva et Sancti Saturnini de Baissano; quæ cappella cum prædictis duabus cappellis consuevit valere communiter sexaginta libras turonenses.

Item in villa, prope castrum, unum magnum celerium cum torculari et uno patuo dicto cellerio contiguis.

Item in platea villæ, ubi venditur bladum, quinque boticas cum quinque solariis desuper.

Item habet in villa, in loco vocato Planum castri, unam botiquam in qua recolliguntur decimæ et tasquæ bladorum.

Item in dicto plano castri, unum stabulum pulchrum cum graneriis desuper.

Item habet, in dicto plano castri, unum palerium.

Item habet, extra portale vocatum de Narbona, unum hospitium pro fenis tenendis.

Item habet in villa unum furnum situm in loco vocato de Carino; iste furnus datus est ad censum annuatim decem sestariorum ordei et debet tenere directum.

Item habet condaminam sitam in territorio Capite-stangni in loco vocato de Clauso Bosco; data est ad novum accapitum Bernardo Saxerii.

Item habet alium furnum in portali vocato de Narbona, qui vocatur furnus de Judaïco; debent decoqui homines de Capite Stanno in duobus furnis predictis ad vigesimum panem, et debet tenere directum.

Item habet unam condaminam, iuxta pontem vocatum Pons Ayrmuci, cum una area dictæ condaminæ contigua; data est ut supra dimissa.

Item habet unam cappellam ruralem vocatam cappellam sancti Juliani de Lapezano annexa mensæ suæ, cum una ferragine dictæ cappellæ contigua.

Item habet in Capite Stangno mensuragium bladi et olei; consuevit valere centum florenos.

Item habet leudam macelli.

Item habet leudam salis.

Item habet decimas et tasquas bladi, quæ communiter venduntur ad bladum...........v^c III sestaria.

Item decimas et taschas vini, centum modios.

Item decimas et taschas olei, centum sestaria.

Item decimas agnorum et lanæ, quinquaginta florenos.

Item habet ibi decimam piscium cum leuda macelli, quadraginta florenorum.

Item decimam pullorum et porcellorum cum carnelagio.

Item decimam salis, ducentos florenos.

Item decimam caulum et ortalitiæ, quatuor florenos.

Item cridam et incantum et preconisationem dominus dedit.

XXI

ITEM DE CAPITE STANGNO.

Sequntur census annuales dicti loci debiti domino archiepiscopo Narbonensi.

Primo in pentione computata pentionum viginti quinque libras sexdecim solidos et septem denarios.

De frumento viginti septem sestaria, eminam, quarteriam, duas ponerias.

Item de ordeo mille duodecim sestaria, eminam, quarteriam.

Habet ibi usatica salis, quæ sunt triginta quinque duodenæ.

Item habet de censu quatuor gallinas.

Item habet ibi centum quinquaginta quintalia lignorum et plus de censu.

Item de oleo duo sestaria, unum pegarium et medium.

Item de cera unam libram.

Item de pipere duas libras.

Item habet ferraturam unius equi de censu.

Item habet tam in loco de Capite Stangno quam in loco de Poleriis, viginti quatuor albergas et mediam albergam et tertiam partem unius diversarum conditionum et rationum, nam aliquæ albergæ sunt unius militis, aliquæ duorum militum, et aliæ trium, et aliæ quatuor, et aliæ quinque, et aliæ septem, et aliæ octo militum, et ideo secundum majus vel minus solvere debet et de hoc avertant bavili.

Item dominus archiepiscopus confert scholas de Capite Stanno.

Item est unus furnus situs ante dictum castrum vocatum Planum Castri, qui non est domini archiepiscopi, sed tenetur ab eo et debet qualibet septimana decoqui sine quocumque custu domino archiepiscopo, pro usu castri sui vel gentium suarum.

Item omnes illi qui habent vineas in terminali Capitestanni in loco vocato ad Gabianum, tenentur apportare eorum expensis totam vindemiam pertinentem ad dominum archiepiscopum ad cellarium suum de Capite Stangno.

Item habet dominus archiepiscopus in loco et terminalibus de Capite Stangno de omnibus agreria, tasquas, tersones, quartum, quintum.

Item habet foriscapia et laudimia.

Item habet curiam temporalem cum annexis, scilicet compositionibus et emendis.

Item sigillum et reclamationes curiæ.

Item notariam bonam criminum et unam testamen- torum.

Item omnes homines dicti loci tenentur facere domino suo archiepiscopo Narbonensi, in novitate sua et toties quoties voluerit, sacramentum fidelitatis.

Item consules de Capite Stangno statim qui electi sunt de novo, debent representari per antiquos consules vicario temporali domini sui archiepiscopi, et eidem parare sacramentum fidelitatis in personam domini sui archiepiscopi et jurare quod bene et fideliter officium exercebunt alioquin est devolutum domino archiepiscopo Narbonensi pro aliquibus feudis et possessionibus quæ tenet in loco et terminalibus de Capite Stanno.

Item Bernardus Fayssii pro quadam condamina quæ fuit Fazaleti de Magalatio feudum honoratum et affert unam sarcinatam feni, aliter trossa.

XXII

DE POLERIIS.

Sequitur locus de Poleriis qui est totus domini archie- piscopi Narbonensis, cum omnimoda jurisdictione alta et bassa et mero ac mixto imperio et primis appellatio- nibus.

· Item habet in dicto loco quæ sequntur per ordinem.

Primo castrum suum proprium cum graneriis infra dictum castrum.

Item habet extra castrum unam domum ubi jacent boves; data est ad novum accapitum trium sextariorum ordei.

Item habet ibi unum palerium pro paleis et fenis tenendis infra dictum castrum.

Item habet ibi certa prata propria sita in terminali de Bayssano, de quibus duo sunt data ad novum accapitum et aliud est domini.

Item habet ibi octo condaminas proprias cum una area; datum est totum ad novum [accapitum] „ sed sciatur quantum ad centum viginti sestaria ordei; dominus tamen nunc ad manum suam.

Item habet ibi unum furnum proprium cum districtu; datum est ad novum accapitum unius sestarii frumenti.

Item cridam et inquantum.

Item banna, medietas est domini qui se reclamavit.

Item boeriam; omnes homines dicti loci habentes boves vel animalia quæcumque pro agricultura debent quilibet unum jornale de aratro in condaminis domini sui archiepiscopi anno quolibet, et dominus debet eis facere expensas.

Item habet ibi asinariam; omnes homines dicti loci habentes animalia debent apportare quolibet anno in Capite Stanno ad graneria domini sui archiepiscopi totum bladum de decimis, tasquis ac usaticis, et dominus tenetur providere hominibus solum in Capite Stanno de cibo et potu.

XXIII

ITEM DE POLERIIS.

Sequntur census annuales dicti loci debiti domino archiepiscopo Narbonensi.

Primo in pecunia tredecim solidi.

Item de frumento ultra furnum, unus sestarius.

Item de ordeo centum quinquaginta duo sestaria, emina et quarteria.

Item plus acquisivit dominus meus a Guilhermo Martini de Capite Stanno triginta duo sestaria ordei.

Item plus acquisivit ab eodem tres libras de pipere.

Item plus acquisivit tres gallinas.

Item tres gallinas censuales cum dimidia.

Item unam salmatam de censu.

Item habet ibi albergas, sed computavit in summa de Capite Stanno.

Item habet ibi agreria, tasquas, tersones, quartum, quintum de omnibus.

Item foriscapia et laudimia.

Item curiam temporalem cum annexis, scilicet compositionibus et emendis.

Item notariam.

Item omnes homines dicti loci tenentur facere domino suo archiepiscopo Narbonensi, in novitate sua et toties quoties voluerit, sacramentum fidelitatis.

XXIV

DE ALIQUIBUS LOCIS.

Sequntur loca quæ faciunt pentionem anno quolibet domino archiepiscopo Narbonensi , quam pentionem portare debent suis expensis in loco de Capite Stanno.

Primo abbas, de frumento sexdecim sestaria.

Item idem abbas, de ordeo sexdecim sestaria.

Item idem abbas, in pecunia viginti solidos.

Item vicarius de Seliano, de frumento duo sestaria, emina.

Item idem vicarius, de bono vino unum modium cum sestario.

Item stagnum de Montadino, de frumento duo sestaria.

Item idem stagnum , de ordeo xxv sestaria.

Item census sive pentio dicti stangni computantur cum usaticis.

XXV

DE ECCLESIIS BAVILIÆ DE CAPITE STANGNO.

Sequntur ecclesiæ baviliæ de Capite Stangno in quibus dominus archiepiscopus Narbonensis recipit etiam portionem tasquæ, premitiæ et decimæ, prout inferius continetur.

Primo in ecclesia de Capite Stangno, dominus archiepiscopus Narbonensis recipit totam decimam omnium, et ultra habet tasquam et prior recipit premitiam.

Et in ecclesiis ruralibus Sancti Jacobi et Sancti Saturnini situatis in terminalibus de Capite Stangno, dominus archiepiscopus recipit in illis terminalibus tertiam partem decimæ bladi et vini et vestiarius de Cassiano duas partes et ultra premitiam, et de oleo dominus archiepiscopus recipit totam tascham in predictis terminalibus.

Item in cappella rurali Sancti Juliani de Lapezano et in terminalibus eisdem, dominus archiepiscopus recipit totam decimam, tascham et premitiam de omnibus, est enim annexa mensæ suæ.

Item in ecclesia de Podio Surigario omnia, bladum, oleum, carnalagium et ortalitia dividuntur in septem et octo partibus et dominus archiepiscopus recipit octo partes et rector septem partes, et in aliquibus terminalibus dominus archiepiscopus recipit scilicet in decimario Sanctæ Agathæ de Adivilhano duas partes, et prior tertiam de blado, vino et oleo tantum.

Item in ecclesia de Poleriis, dominus archiepiscopus Narbonensis recipit quatuor partes totius decimæ bladorum, et canonici Sancti Stephani de Narbona quinque partes, et vicarius ecclesiæ recipit premitiam.

Item in loco de Villario, dominus archiepiscopus recipit duas partes totius decimæ, et predicti canonici tertiam partem bladorum.

Item vinum de Poleriis et carnalagium et olivæ et ortalitia dividuntur in novem partes, de quibus dominus recipit quatuor et vicarius quinque partes, tantum de loco de Villari dominus recipit duas partes et vicarius tertiam partem, et in decimale Sancti Andreæ ultra id quod itur de Biterris totum recipit dominus Narbonensis.

Et in ecclesia rurali Sancti Andreæ et terminalibus eius spectantibus ad locum de Poleriis situatis in terminali de Anissano, dominus archiepiscopus recipit totam decimam de omnibus.

Item in ecclesia Sancti Hipoliti de Mayrano sita iuxta locum de Casulis, dominus archiepiscopus recipit duas partes totius decimæ, et prior præfatæ ecclesiæ tertiam partem et premitiam.

Item in ecclesia de Savinhaco, iuxta locum de Casulis, sunt ibi plures partionerii qui habent partem in decima, de quorum numero dominus archiepiscopus est unus, et solvit pro parte sua quam recipit de decima priori preffatæ ecclesiæ octo sestaria frumenti et octo sestaria ordei de pentione et, soluta pentione, remanet modica pars sua.

Item in rurali ecclesia Sancti Pauli de Praissano, dominus archiepiscopus recipit duas partes totius decimæ et domus Sancti Joannis Hierosolomitani recipit tertiam partem decimæ et totam premitiam.

Item habet dominus archiepiscopus Narbonensis in dicta bavilia animalia vocata *de l'espave*.

Item sunt in dicta bavilia census plures et aliqua alia deveria; sed per bavilum dictæ baviliæ cum diligentia perquirantur.

XXVI

DE SEJANO.

Sequitur locus de Seiano qui est totus domini Narbonensis archiepiscopi, cum omnimoda jurisdictione alta et bassa et mero ac mixto imperio et primis appellationibus.

Item habet dominus archiepiscopus Narbonensis in dicto loco quæ sequntur per ordinem.

Primo castrum suum proprium cum annexis.

Item habet in villa unum patuum vocatum aula ubi tenentur litigia; castrum datum est ad novum accapitum per dominum, anno LXIII.............. VI solidos.

Item habet unum hospitium bonum in villa, datum ad accapitum ut prius ad quinque solidos.

Item in terminalibus de Sejano vocatis *la Blanqueria* unam vineam propriam datam ad accapitum viginti septem solidorum et sex denariorum.

Item habet unum ortum proprium iuxta villam, idem ut prius, ad octodecim denarios.

Item habet unum pratum proprium juxta Trilhas ecclesiæ.

Item habet unum stagnum vocatum de *Pissevachas* situm iuxta iter de Perpiniano.

Item habet aliud stangnum vocatum de *Recobré*.

Item habet locum vocatum de Cauquena infra quem locum habet ista quæ sequntur.

Primo cappellam ruralem cum campana et aliis ornamentis.

Item pasturagium cum devesia et pena arbitraria.

Item garenas et devesias cuniculorum cum pena voluntaria.

Item de dicto loco sive insula de Cauquena extrahuntur lapides et quadri.

Item extrahitur de dicto loco terra rubea de qua peraguntur panni, ita quod nunc lapides nunc terra de dicto loco debent extrahi sine licentia domini archiepiscopi vel gentium suarum et nisi cum debita satisfactione, quare de hoc sit attentus bavilus et custos dictæ insulæ qui continue debet ibi presens esse.

Item habet dominus archiepiscopus infra muros castri de Seiano unum hospitium in quo sunt duo furni proprii sui cum districtu.

Item habet extra muros dicti castri supra plateam alium furnum.

Item sunt quatuor molendina de vento in loco de Sejano data ad censum annuum, qui census computatur cum aliis censibus.

Item habet salinam in qua recipit de toto sale quintam partem, et homines quorum est sal debent ponere quintum salis pertinentem ad dominum archiepiscopum ad expensas suas ad terram in ripa; consuevit valere sal quingentos florenos.

Item habet leudam salis.

Item leudam macelli.

Item habet terragium sive staca barcarum sive navium.

Item habet cridam et inquantum.

Item banna de Sejano sunt communitatis, sed banderius debet jurare in manus domini archiepiscopi.

Item habet dominus archiepiscopus in loco de Sejano vetitum vini per sex menses; data est ad novum accapitum communitati ad triginta florenos.

Item quotiescumque contigit quod ecclesia parrochialis Sancti Felicis de Seiano renovatur novo rectore, predictus rector tenetur solvere domino archiepiscopo Narbonensi pro foriscapio bonorum regarium cessale quondam nomine cappellanii per dominum Brengarium triginta solidorum turnonensium.

Item toties quoties contigerit ecclesiam Narbonensem [renovari] pastore communitatis castri de Seiano tenetur solvere domino archiepiscopo et pastori pro domo quæ est in platea superiori ratione foriscapii dictæ domus, decem solidos turnonenses.

Item quotiescumque contigerit venire de novo ad castrum de Seiano aliquem fabrum, si velit ibi stare et residentiam facere, tenetur solvere domino archiepiscopo Narbonensi pro sua intrata decem solidos turnonenses.

Item quotiescumque contigerit dominum archiepiscopum venire ad castrum suum de Sejano, omnes fabri dicti castri insimul tenentur solvere sibi quatuor ferros equi cum clavis necessariis, et si sint plures fabri non tenentur plus solvere; et si non est nisi unus, ille tenetur totum solvere et unus eorum tenetur ad dictum castrum domini apportare predicta, et dominus archiepiscopus debet illi aportabit dare ad comedendum.

Item habet dominus archiepiscopus in dicto loco boeriam ; omnes homines dicti loci habentes unum par boum vel plura tenentur dare domino archiepiscopo Narbonensi anno quolibet de censu unam eminam ordei et sexdecim denarios reductos ad unam poneriam ordei et quatuor denarios pro quolibet animali.

Item omnes homines dicti loci tenentur aportare ad cellerium domini sui archiepiscopi totam vindemiam de decimis et tasquis ad dominum archiepiscopum pertinentem expensis suis et dominus archiepiscopus tenetur eis dare pro qualibet salmata unum denarium.

Item omnes homines dicti loci tenentur aportare eorum expensis et saccis de area ad graneria domini sui archiepiscopi totum bladum de decimis et tasquis.

Item habet herbagium prati sui.

Item venationem avium duorum stagnorum.

Item habet venationem cuniculorum et perdicum cum pena in toto terminali de Sejano.

XXVII

ITEM DE SEJANO.

Sequitur census annualis dicti loci domino archiepiscopo Narbonensi.

Primo in pecunia novem libras, novem solidos, quatuor denarios et obolum.

Item de frumento propter molendina decem sextaria unam quarteriam ; diminutum fuit per dominum Narbonensem de tribus quarteriis.

Item de ordeo viginti tria sestaria, tres quarterias et duas ponerias; de predicta summa fuit reducta una emina Brengario Baliste ad duos solidos.

Item decem gallinas censuales ; una est perdita.

Item de oleo tres pegarios.

Item de cera decem libras.

Item dominus Lodigro domicellus debet pro quolibet anno domino archiepiscopo Narbonensi pro passu columbarum unum pluverium sive visum de censu.

Item habet dominus archiepiscopus in loco vocato de Seiano albergas vocatas albergæ catalanorum ; rector dicti loci levat eas modo, nescio quo jure quare videatur.

Item habet agreria et tasquas, tersones, quartum quintum.

Item foriscapia et laudimia.

Item curiam temporalem cum annexis, scilicet compositionibus et emendis.

Item notariam bonam.

Item omnes dicti loci tenentur facere domino suo archiepiscopo Narbonensi, in novitate sua et toties quoties voluerit, sacramentum fidelitatis.

Item habet in dicto loco de Sejano animalia vocata *de l'espave*.

XXVIII

DE PETRIACO.

Sequitur locus de Petriaco qui est totus domini archiepiscopi Narbonensis, cum omnimoda jurisdictione alta et bassa et mero ac mixto imperio ac primis appellationibus, et protenditur iurisdictio dicti castri usque ad loca de Sancta Eugenia et de Fraxinello Fontis Frigidi , in quibus duobus locis habet dominus archiepiscopus omnimodam jurisdictionem , merum ac mixtum imperium.

Item dominus archiepiscopus habet in dicto loco quæ sequntur per ordinem.

Primo castrum suum proprium.

Item habet infra castrum cappellam bene dotatam redditu, dominus archiepiscopus debet solvere cappellano qui deservit cappellæ videlicet tantum et dominus Stropius confert illam.

Item de blado viginti sestaria frumenti, et ordei viginti octo.

Item de vino octodecim sestaria vindemiæ.

Item in pecunia duas libras.

Item habet dominus archiepiscopus in loco de Petriaco duos furnos proprios cum dictrictu, debent decoqui homines dicti loci ad vigesimum quartum panem.

Item habet unum stagnum vocatum *Pude*.

Item unum stagnum vocatum *lo Douilh* cum una insula dicto stagno contigua, in qua insula est devesia omnis venationis cum pena.

Item habet venationem avium in dictis duobus stagnis quæ quolibet anno arrendatur.

Item habet piscationem duorum stagnorum.

Item sunt molendina in loco de Petriaco, sed solvunt censum annuum.

Item habet in dicto loco cridam et inquantum.

Item banna.

Item omnes homines dicti loci debent apportare ad cellarium domini archiepiscopi expensis suis totam vindemiam de decimis et tasquis ad dominum archiepiscopum pertinentibus.

XXIX

ITEM DE PETRIACO.

Sequitur census annualis dicti loci debitus domino archiepiscopo Narbonensi.

Primo in pecunia tres libras, duos solidos, undecim denarios.

Item de frumento de censu viginti tria sestaria, duas quarterias.

Item de ordeo quadraginta duo sestaria, tres quarterias.

Item habet dominus archiepiscopus in dicto loco frumentum afforatum triginta sestaria, homines dicti loci qui debent dictum frumentum debent solvere pro quolibet sestario quinque solidos turnonenses et non ultra ascendunt predicta triginta sestaria in pecunia.

Item habet ordeum afforatum, viginti sestaria, unam quarteriam.

Homines dicti loci debent dare pro quolibet sestario duos solidos et non ultra.

Ascendit in pecunia quadraginta solidos et sex denarios.

Item habet tres gallinas censuales.

Item de oleo sex pegarios.

Item domus Sanctæ Eugeniæ Fontis Frigidi debet de pentione unam quarteriam de frumento.

Item eadem domus de ordeo unam quarteriam.

Item domus de Frayssinello unam quarteriam de frumento.

Item eadem domus de ordeo unam quarteriam.

Item habet ibi agreria, tasquas, tersones, quartum, quintum.

Item foriscapia et laudimia.

Item curiam temporalem cum annexis, scilicet compositionibus et emendis.

Item notariam quæ respondet notariæ de Seiano.

Item omnes homines dicti loci tenentur facere domino suo archiepiscopo, in novitate sua et toties quoties voluerit, sacramentum fidelitatis.

Item habet in dicto loco animalia vocata *de l'espave.*

XXX

DE FONTE JONCOSO.

Sequitur locus de Fonte Joncoso qui est totus domini archiepiscopi Narbonensis cum omnimoda jurisdictione alta et bassa et mero ac mixto imperio et primis appellationibus.

Item habet in dicto loco quæ sequntur per ordinem.

Primo unum hospitium destructum.

Item furnum proprium ratione affrancamenti facti per dominum Petrum archiepiscopum Narbonensem.

Item nemus pulchrum viride, de quo nullus debet ligna recipere sub pena sexaginta solidorum et trium denariorum.

Item habet ramagium dicti nemoris, quod communiter consuevit valere triginta libras.

Item cridam et inquantum.

Item medietatem bannorum et medietas est communitatis.

XXXI

ITEM DE FONTE JONCOSO.

Sequntur census annuales dicti loci debiti domino archiepiscopo Narbonensi.

Primo in pecunia quadraginta duos solidos, quatuor denarios, obolum.

Item de frumento quinque sestaria, unam carteriam.

Item de ordeo decem et novem sestaria, unam poneriam.

Item gallinas septemdecim.

Item agreria, tasquas, tersones, quartum, quintum.

Item foriscapia et laudimia.

Item curiam temporalem cum annexis, scilicet compositionibus et emendis.

Item notariam quæ respondet notariæ de Sejano.

Item omnes homines dicti loci tenentur facere domino suo archiepiscopo Narbonensi, in novitate sua et toties voluerit, fidelitatis sacramentum.

Item dominus de Duroforti facit homagium domino archiepiscopo Narbonensi ratione uxoris suæ de omnibus quæ tenet in castro et terminis de Fonte Joncoso.

Dominus meus archiepiscopus emit castrum de Duroforti et quinquaginta solidos quos quilibet rector novus dicti loci faciebat domino de Duroforti, modo enim sunt domini archiepiscopi prout infra continetur.

Item habet in loco de Fonte Joncoso animalia vocata *de l'espave.*

Item in tota bavilia de Sejano dominus archiepiscopus debet habere plures census et alia deveria, quare per bavilum dicti loci cum diligentia perquiratur.

XXXII

DE ECCLESIIS BAVILIÆ DE SEJANO.

Sequntur ecclesiæ baviliæ de Sejano quæ faciunt anno quolibet domino archiepiscopo quartoneta.

Primo ecclesia de Leucata de ordeo tria sestaria.

Item ecclesia de Fitorio de ordeo tria sestaria.

Item hospitale de Fitorio dat quolibet anno de censu de oleo quatuor pegarios.

Item ecclesia de Fulhano et Ortos de ordeo duo sestaria.

Item ecclesia de Fraxino de frumento duo sestaria.

Item ecclesia de Villa Sicca de frumento unum sestarium.

Item eadem ecclesia de ordeo unum sestarium.

Item ecclesia de Castro Mauro de frumento unum sestarium.

Item eadem ecclesia de ordeo unum sestarium.

Item ecclesia de Durbano de frumento unum sestarium.

Item eadem ecclesia de ordeo unum sestarium.

Item ecclesia de Ruffiano de frumento unum sestarium.

Item eadem ecclesia de ordeo unum sestarium.

Item ecclesia de Villa Nova de frumento unum sestarium.

Item eadem ecclesia de ordeo unum sestarium.

Item de Cassio Castello de frumento unum sestarium.

Item eadem ecclesia de ordeo unum sestarium.

Item ecclesia de Fonte Joncoso de frumento quinque sestaria.

Dictus dominus debet dicto rectori dare decimam de tasquis quas percipit in dicto loco de Fonte Joncoso.

Item preceptor de Albaribus Ferrararium debet pro quartoneo ecclesiarum de Albaribus Ferrararium et de Costogia et de Jonqueriis cum annexis de frumento quinque sestaria.

Item idem preceptor pro predictis ecclesiis de ordeo quinque sestaria cum emina.

Item idem preceptor debet unum modium boni vini.

Summa frumenti de quartonetis predictarum ecclesiarum octodecim sestaria cum emina.

Summa ordei de quartonetis decem novem sestaria cum emina.

Item unum modium vini.

XXXIII

DE EISDEM ECCLESIIS.

Sequuntur ecclesiæ baviliæ de Sejano quæ faciunt anno quolibet pentionem de blado, prout inferius continetur.

Primo ecclesia de Palma de frumento decem sestaria.

Item eadem ecclesia de ordeo viginti sestaria.

Item ecclesia de Rupe Forti de frumento decem octo sestaria cum emina duas ponerias et mediam et tertiam partem unius poneriæ.

Item eadem ecclesia de ordeo triginta septem sestaria, unam quarteriam, unam poneriam et duas partes mediæ poneriæ.

Item ecclesia de Omlibus de frumento viginti unum sestarium, unam quarteriam, unam poneriam et partem tertiam unius poneriæ.

Item eadem ecclesia de ordeo quadraginta unum sestarium cum emina, duas ponerias et duas partes unius poneriæ.

Item ecclesia de Rupe Longa et Sancti Stephani de Agaussano de frumento sexdecim sextaria.

Item ecclesia ruralis Beatæ Mariæ de Olivis apud Fontem Frigidum de oleo.....

Item ecclesia de Castro Mauro de frumento viginti unum sestarium, unam quarteriam, unam ponheriam et tres partes unius poneriæ.

Item eadem ecclesia de ordeo quadraginta duo sestaria, eminam, duas ponerias et duas partes unius poneriæ.

Item sunt aliæ cappellæ rurales apud Fontem Frigidum quæ faciunt pentionem.

Summa frumenti omnium pentionum prædictarum octuaginta septem sestaria, unam quarteriam et unam poneriam.

Summa ordei omnium pentionum supradictarum centum triginta octo sestaria, eminam, duas ponerias et mediam.

Summa olei......

XXXIV

ITEM DE ECCLESIIS BAVILIÆ DE SEJANO.

Sequntur ecclesiæ baviliæ de Sejano quæ faciunt péntionem anno quolibet domino archiepiscopo Narbonensi in pecunia, prout inferius sequitur.

Primo ecclesia de Palma quinquaginta solidos turnonenses.

Item ecclesia de Rupe Forti sexaginta solidos turnonenses.

Item ecclesia de Omlibus sexaginta solidos turnonenses.

Item ecclesia Sancti Andreæ de Rupe Longa et Sancti Stephani [de] Agaussano viginti solidos turnonenses.

Item ecclesia de Castro Mauro quatuor libras turnonenses.

Summa pecuniæ omnium pentionum supradictarum ecclesiarum decem libras, decem solidos turnonenses.

XXXV

DE EISDEM ECCLESIIS.

Sequntur ecclesiæ baviliæ de Sejano in quibus dominus archiepiscopus Narbonensis recipit anno quolibet certam pentionem decimæ, tasquæ et premissæ, prout inferius continetur.

Primo in ecclesia de Sejano recipit dominus archiepiscopus medietatem omnium scilicet bladi, vini, olei ac ortalitiæ ultra totam tascham, et manuale est rectoris.

Item in ecclesia de Leucata recipit dominus archiepiscopus medietatem totius decimæ scilicet bladi, vini, olei, carnalagii ac ortalitiæ, exceptis proprietatibus in quibus nihil recipit.

Item in ecclesia de Fitorio tertiam partem totius decimæ.

Item in ecclesia de Troliis recipit tertiam partem totius decimæ.

Item in ecclesia de Fulhano et Ortos recipit quartam partem totius decimæ.

Item in ecclesia de Fraxino recipit quartam partem totius decimæ.

Item in ecclesia de Durbano recipit tertiam partem totius decimæ.

Item in ecclesia de Villa Sicca quartam partem totius decimæ bladi, vini, carnalagii, olei, ortalitiæ et omnium aliorum quorumcumque.

Et in termino de Montanhaco et de Gleno dividitur in quinque et tres partes, dominus archiepiscopus recipit tres et rector quinque.

Item in ecclesia de Roffiano quartam partem decimæ bladi, vini, olei, carnalagii et ortalitiæ.

Item in ecclesia de Villa Nova quartam partem totius decimæ bladi, vini, olei et carnelagii.

Item in ecclesia de Cassio Castello tertiam partem totius decimæ bladi, vini, olei et carnelagii et ortalitiæ.

Item in ecclesia de Albaribus Ferrariarum tertiam partem totius decimæ.

Item de Jonqueriis quartam partem totius decimæ.

Item in ecclesia de Costogia quartam partem totius decimæ.

Item in ecclesia de Furchis quartam partem totius decimæ.

Item in ecclesia de Fonte Joncoso quartam partem totius decimæ et ultra totam tascham.

Item in novitate rectoris dicti loci habet ibi dominus archiepiscopus quinquaginta solidos quos emit a domino de Duroforti dominus Petrus Narbonensis.

Item in ecclesia de Donis quartam partem totius decimæ.

Item in ecclesia de Monte Sereno tertiam partem totius decimæ.

Item in ecclesia de Petriaco medietatem totius decimæ et ultra totam tascham.

XXXVI

DE APIANO.

Sequitur locus de Apiano qui est totus domini archiepiscopi Narbonensis, cum omnimoda jurisdictione alta et bassa et mero ac mixto imperio ac primis appellationibus.

Item habet dominus archiepiscopus in dicto loco quæ sequntur per ordinem.

Primo castrum suum proprium cum annexis.

Item unum molendinum proprium de aqua quatuor rotarum, quod consuevit communiter arrendari octuaginta libras barcelonenses et ultra.

Item unum hospitium in quo sunt duo furni boni cum districtu, quod consueverit communiter arrendari quatuor libris barcelonensibus.

Item habet ibi unum molendinum *drapier* in quo parantur panni.

Item habet medietatem bannorum, alia medietas est communitatis.

Item cridam et inquantum quæ facit quolibet anno de censu duodecim denarios.

Item habet ibi ortalitiam ibi bonam de omnibus fructibus terræ cum agreriis bonis.

Item est unum molendinum in terminali de Apiano vocatum molendinum Petri de Mora, quod tenetur a domino archiepiscopo Narbonensi sub prestatione homagii ligerii et census annui scilicet centum solidorum, computantur in censibus.

Item habet ibi boeriam; omnes homines de Apiano habentes animalia quæcumque sint pro agricultura, tenentur facere anno quolibet domino archiepiscopo unum jornale de aratro ad terram cultivandam, et dominus archiepiscopus tenetur eis facere expensas in cibo et potu solum.

Item dominus archiepiscopus Narbonensis habet jus patronatus in quodam cappellano instituto in ecclesia de Apiano per dominum Bernardum Porcelli presbiterum quondam de Appiano, et in novitate sacerdotis qui possidet seu deservit dicto cappellanio quomodocumque mutetur, sive per mortem vel permutationem vel alio quocumque, dominus archiepiscopus debet habere a dicto sacerdote pro introitu unam marcham argenti.

Item dominus archiepiscopus Narbonensis in quodam cappellanio instituto in ecclesia de Apiano per Raymundum Balhoni quondam de Apiano in mutatione sacerdotis qui deservit dicto cappellanio quomodocumque mutetur, dominus archiepiscopus Narbonensis debet habere pro introitu quinquaginta solidos.

XXXVII

ITEM DE APIANO.

Sequntur census annuales dicti loci debiti domino archiepiscopo.

Primo in pecunia monetæ prædictæ sexaginta libras, quindecim solidos, unum denarium, obolum et pictam.

Item dominus archiepiscopus recipit a communitate de Apiano per compositionem factam inter eum et gentes dictæ villæ pro vetito vini a domino quolibet anno sex libras barcelonenses.

Item habet de ordeo censuales quatuordecim eminas, tres quarterias, unam poneriam.

Item gallinas de censu septuaginta quinque et tres partes unius.

Item anseres septem censuales.

Item cuniculos duos.

Item perdices quatuor cum dimidia.

Item unum par columbarum remicarum alias favars.

Item de cera tres libras unum quartonem.

Item unum par calcarum deargentatorum.

Item unum par chirothecarum.

Item agreria, tasquas, tersones, quartum, quintum in dictis locis et septenas.

Item foriscapia et laudimia.

Item curiam temporalem cum annexis scilicet compositionibus et emendis.

Item notariam bonam.

Item omnes homines dicti loci tenentur facere domino suo archiepiscopo Narbonensi, in novitate sua et toties quoties voluerit, sacramentum fidelitatis.

XXXVIII

HOMAGIA IN CASTRO DE APIANO.

Sequntur homagia quæ fiunt domino archiepiscopo Narbonensi in castro de Apiano per personas infrascriptas.

Primo dominus Guilhermus de Alanhano facit domino archiepiscopo homagium pro omnibus hiis quæ tenet in castro de Apiano.

Item Berengarius de Riperia, domicellus de Apiano, facit homagium ligerum domino archiepiscopo Narbonensi pro tribus feudis quæ emit in castro et terminalibus de Apiano et pro quolibet debet facere homagium legierum.

Item Berengarius de Viveriis, domicellus, facit homagium legierum domino archiepiscopo Narbonensi pro omnibus illis quæ tenet in castro et terminalibus de Apiano.

Item dominus Monlaur facit homagium ligerum domino archiepiscopo Narbonensi pro una rota et media quas habet in molendino superiori de Apiano.

Item Joannes Mora facit homagium ligerum domino archiepiscopo Narbonensi pro uno molendino suo sito in territorio de Apiano cum prestatione annui census, vaccat.

Item dominus de Tribus facit homagium ligerum domino archiepiscopo Narbonensi pro omnibus hiis quæ tenet in castro de Apiano.

Item faber de Apiano facit homagium domino archiepiscopo Narbonensi pro fabrica de Apiano.

Et si omnia vel pars venderentur dominus habet foriscapium videlicet tertiam partem pretii de omni feudo nobili.

XXXIX

DE PERPINHANO.

Sequntur loca baviliæ de Apiano quæ non sunt domini archiepiscopi Narbonensis, sed percipit ibi anno quolibet quæ sequntur per ordinem prout inferius continetur.

Primo in villa de Perpinhano dominus archiepiscopus Narbonensis habet in hospitio vocato de Caudis in dicta villa situato, directum dominium et foriscapium et laudimium , si contingat dictum hospitium vendi vel quovis-modo alienari.

Item quotiescumque contingit dominum archiepiscopum Narbonensem incedere vel venire, dominus . præfati hospitii de Caudis debet dimittere hospitium domino archiepiscopo et gentibus suis et eum quamdiu ibi esse voluerit recipere, et nihilominus tenetur sibi et gentibus suis et eum quamdiu ibi erit de mappis bonis et sufficientibus ac etiam de scutellis, incisoriis ac grasaletis ligneis et lectis et aliis minutis.

Item debet dictum hospitium quolibet anno domino archiepiscopo Narbonensi unum marbotinium de argento valente septem solidos illius monetæ.

Item dominus archiepiscopus Narbonensis habet directum dominium in quadam possessione sita in ortalitia de Perpinhano in terminali Sancti Genesii, in qua possessione consuevit esse molendinum unum de aqua et foriscapium et laudimium, si contingat dictam possessionem vendi vel aliter quomolibet alienari.

Item dicta possessio debet quolibet anno archiepiscopo Narbonensi de censu unum marbotinum de argento ; valet septem solidos barcelonenses, hodie vaccat.

XL

DE RIPIS ALTIS.

Sequitur locus de Ripis Altis qui non est domini archiepiscopi Narbonensis, sed percipit ibi anno quolibet quæ sequntur per ordinem.

Primo dominus archiepiscopus Narbonensis terminalibus·et possessionibus directum dominium et foriscapia et laudimia quotiescumque contingit dictas possessiones vendi vel aliter alienari quovismodo.

Item percipit dominus archiepiscopus in multis possessionibus, vineis, campis et aliis locis·et terminalibus divisim decimas, agreria, tasquas, tersones, quartum, quintum et septenas de omnibus quæ crescunt in dictis possessionibus et ·terminalibus.

XLI

ITEM DE RIPIS ALTIS.

Sequntur census aunuales dicti loci debiti domino archiepiscopo Narbonensi.

Primo in pecunia viginti unum denarium cum obolo barcelonensibus.

Item unam gallinam censualem.

XLII

DE CALCIA.

Sequitur locus de Calcia qui non est domini archiepiscopi Narbonensis, sed percipit ibi anno quolibet quæ sequntur per ordinem.

Primo habet dominus archiepiscopus in multis possessionibus et terminalibus directum dominium et foriscapia et laudimia, quotiescumque contingit dictas possessiones vendi vel aliter quomodolibet alienari.

Item in dictis terminalibus et possessionibus agreria, tasquas, tersones, quartum, quintum et septenas de omnibus quæ crescunt in eisdem.

XLIII

DE PERIETIBUS.

Sequitur locus de Perietibus qui non est domini archiepiscopi Narbonensis, sed percipit ibi quæ sequntur anno quolibet per ordinem.

Primo dominus archiepiscopus habet in multis terminalibus et possessionibus dicti loci directum dominium et foriscapia et laudimia quotiescumque contingit dictas possessiones vendi vel aliter quomodolibet alienari.

Item habet in dictis terminalibus et possessionibus decimas, agreria, taschas, tersones, quartum, quintum et septenas de omnibus quæ ibi crescunt.

Item habet in eodem loco de censu duos solidos barcelonenses.

XLIV

DE CLAIRANO.

Sequitur locus de Clairano qui non est domini archiepiscopi Narbonensis, sed percipit ibi anno quolibet quæ sequntur per ordinem.

Primo dominus archiepiscopus Narbonensis habet in multis terminalibus et possessionibus dicti loci directum dominium et foriscapia et laudimia, quotiescumque contingit dictas possessiones vendi vel alio quomodolibet alienari.

Item percipit dominus archiepiscopus Narbonensis in centum duabus vineis et in aliis aliquibus possessionibus agreria et tasquas, tersones, quartum, quintum et septenas.

Item percipit ibi quinque solidos censuales barcelonenses.

XLV

DE SANCTO LAURENTIO.

Sequitur locus de Sancto Laurentio in quo in aliquibus terminalibus et possessionibus dicti loci dominus archiepiscopus Narbonensis percipit quolibet anno quinque solidos censuales barcelonenses.

Item habet dominus archiepiscopus in possessionibus in quibus percipit dictum censum, directum dominium et laudimia quotiescumque contingit dictas possessiones vendi vel aliter quomodolibet alienari.

XLVI

DE ORTALANIS.

Sequuntur terminalia vocata de Ortalanis, in quibus terminalibus dominus archiepiscopus Narbonensis habet directum dominium et foriscapia et laudimia, quotiescumque contingit possessiones dictorum terminalium vendi vel alio quomodolibet alienari.

Item percipit in dictis terminalibus aliquos census annuales, sed computantur cum censibus de Apiano.

XLVII

DE LA GARRIGA.

Sequitur terminale vocatum de la Garriga situm ultra aquam et pontem de Peyra Caus de Apiano, in quo toto terminali dominus archiepiscopus Narbonensis habet omnimodam jurisdictionem altam et bassam et merum ac mixtum imperium et primas appellationes.

Item dominus archiepiscopus Narbonensis percipit quolibet anno in dicto terminali agreria, tasquas, tersones, quartum, quintum et septenas de omnibus quæ ibi crescunt.

Item in dicto terminali de la Garriga est unus locus monachorum alborum fundatus in dominio domini archiepiscopi Narbonensis, et monachi dicti loci debent facere semper in novitate domino archiepiscopo Narbonensi recognitionem de hiis quæ ibi possident præfato domino archiepiscopo.

Item debent dare idem monachi in novitate prefati domini archiepiscopi unum mutonem eidem domino archiepiscopo.

Item in tota bavilia de Apiniano debent esse plures census, sed cum diligentia per bavilum dicti loci perquirantur.

XLVIII

DE VILLA RUBEA.

Primo locus de Villa Rubea Terminesii est totus domini archiepiscopi Narbonensis cum omnimoda jurisdictione alta et bassa et mero ac mixto imperio ac primis appellationibus.

Item habet in dicto loco castrum suum proprium cum uno viridario ei contiguo.

Item habet in villa unum hospitium bonum pro stabulo et pro paleis tenendis.

Item habet in dicto loco aliud hospitium antiquum pro paleis tenendis.

Item habet in dicto loco unam condaminam propriam cum area ei contigua.

Item habet in territorio præfati loci unam vineam propriam sitam in territorio vocato *al Solas*.

Item habet in territorio dicti loci duo prata propria sita in territorio vocato Mallis Magistranæ.

Item habet in diversis locis et territoriis dicti castri decem vivaria sive garenas cuniculorum factas de lapidibus manualiter.

Item habet in terminis dicti loci unum nemus proprium pulchrum cum devesia cuniculorum de quo ullus debet ligna recipere sub pena sexaginta solidorum.

Item infra dictum castrum furnum suum proprium factum de novo ratione afranquamenti facti per dominum Petrum supradictum archiepiscopum.

Item habet in dicto loco leudam quæ diversimode levatur.

Item habet in dicto loco curiam spiritualem et in toto Terminesio cum annexis, scilicet sigillo et penis ceræ et compositionibus.

Item habet in dicto loco notariam tam in curia quam temporali.

XLIX

SERVITUTES IN VILLA RUBEA.

Sequntur servitutes quas faciunt habitatores Villæ Rubeæ Terminesii domino suo domino archiepiscopo Narbonensi anno quolibet.

Primo omnes homines et mulieres Villæ Rubeæ habentes animalia debent quilibet unum iornale animalis in area, aliud in bladis deportandis, et qui non habent animalia debent unum iornale in dicta area cum furca vel aliter, prout placebit bavilo dicti castri.

Item debent omnes homines dicti loci annis singulis quilibet unum jornale de aratro qui habent aratrum in condamina ad terram cultivandam.

Item debent omnes homines dicti loci annis singulis quilibet unum jornale in vinea domini sui archiepiscopi inter fossaturam et podaturam ; dominus archiepiscopus Narbonensis tenetur facere predictis hominibus expensas moderatas in cibo et potu solum dumtaxat quia faciunt predicta sua opera non animalibus.

Item omnes homines dicti loci debent facere domino suo archiepiscopo Narbonensi, in novitate sua et toties quoties voluerit, sacramentum fidelitatis.

Item dominus archiepiscopus Narbonensis consuevit habere unum pasquerium vocatum Vallis Mayrane, quod consueverat vendere extraneis volentibus animalia sua depascere in ipso ; sed tempore domini Gasberti quondam archiepiscopi fuit facta conventio cum ipso et gentibus Villæ Rubeæ quod gentes Villæ Rubeæ tenerentur aportare vindemiam decimæ ad cellarium domini sui domini archiepiscopi et amodo dictus dominus archiepiscopus non possit vendere dictum pasquerium, imo libere animalia eorum depascerentur in dicto pasquerio, ista dicunt gentes Villæ Rubeæ, non tamen in ipso gardientes aliam fidem per instrumentum vel aliter facere potuerunt per me requisiti.

Item ego episcopus predictus inveni in registris antiquis Villæ Rubeæ factis per dominum Joannem quondam præcentorem quondam ecclesiæ Narbonensis quod infrascripti de Villa Rubea faciebant domino archiepiscopo albergas, videlicet Bernardus de Petra Lata Villæ Rubeæ faciebat albergam unius militis.

Item Bernardus Militis Villæ Rubeæ faciebat, albergam mediam.

Item Brengarius Rubei faciebat aliam albergam unius militis.

Nunc vero non inveniuntur bonorum ipsorum detentores, sed perquirantur.

L

CENSUS CASTRI VILLÆ RUBEÆ.

Sequntur census castri Villæ Rubeæ Terminesii debiti anno quolibet domino archiepiscopo Narbonensi tam in pecunia quam in blado, vino, carnibus, cera et oleo et aliis.

Primo habet dominus archiepiscopus de censibus in pecunia septem libras, undecim denarios, duas pictas.

Item unam libram ceræ censualem.

Item habet de censibus diversorum bladorum :

Primo de frumento ad mensuram grossam censualem octodecim sestaria.

Item de ordeo ad dictam mensuram quinquaginta sestaria.

Item de avena ad dictam mensuram duodecim sestaria.

Item gallinas censuales triginta sex et tertiam partem unius.

Item vinum de censu centum triginta tres quartonos valentes duas salmatas cum dimidia et tres migerias.

Item census carnium salsarum multas petias et medias petias ; valent omnes circa duos porcos salsos.

Item recipit ibidem multas fogassas de censu.

Item habet in dicto loco cridam et inquantum.

Item bannum.

Item agreria et tasquas de omnibus et quartum et quintum.

Item foriscapia et laudimia.

Item curiam temporalem cum annexis, scilicet compositionibus, emendis ac aliis justitiis et condampnationibus.

Item notariam temporalem cui respondent aliæ notariæ, scilicet de Auriaco et de Equabus et de Cumbina[1] et Alberiis , de Pisano[2], de Darnacollecta , de Montegalhardo quæ consuevit valere.....

Item recipit in dicto castro animalia vocata *de l'espave*.

LI

DE ALIQUIBUS LOCIS.

Sequntur loca quæ non sunt propria domini archiepiscopi in quibus dominus archiepiscopus recipit census annuales et alia jura et deveria prout inferius continetur, quæ solvuntur bavilo. receptori Villæ Rubeæ.

1. Faute de copiste, pour *Cuberia.*
2.   Id.   pour *Pasano.*

Primo ecclesia de Totovolio debet de censu unum sestarium olei ad mensuram Narbonensem.

Item ecclesia de Vino Gradu debet de censu unum sestarium olei ad mensuram Narbonensem.

Item in eastro de Solagio recipit dominus archiepiscopus de censu quinque quarterias avenæ rasas.

Item in eodem loco quinque gallinatos.

Item in castro de Massaco tres gallinas censuales.

Item in loco de Archis de censu octo solidos septem denarios.

Item in loco de Castro Mauro habet [in] aliquibus mansatis et terminalibus agreria, foriscapia et laudimia, nunc est baviliæ de Seiano.

Item in eodem loco tres quartones olei censuales.

LII

DE ALIQUIBUS ECCLESIIS.

Sequntur ecclesiæ quæ faciunt annis singulis pentionem in castro Villæ Rubeæ.

Primo ecclesia de Tuissano unum sestarium frumenti et unum sestarium ordei.

Item ecclesia de Alanheto unum sestarium frumenti et unum sestarium ordei.

Item ecclesia de Salsano unum sestarium frumenti et unum sestarium ordei.

Item ecclesiæ predictæ faciunt aliquam quantitatem vini de censu.

Item ecclesia de Vinea Veteri consuevit solvere et solvit adhuc de pentione pro quibusdam molendinis et proprietatibus quinquaginta solidos.

Item in ecclesia de Darnacoleta unum sestarium frumenti et unum sestarium ordei.

Item ecclesia de Massaco unum sestarium frumenti et unum sestarium ordei.

LIII

DE ALIQUIBUS MOLENDINIS.

Sequntur molendina in quibus dominus archiepiscopus recipit pro decima de lucro quod faciunt qui lucrantur certam portionem et in aliquibus recipit census.

De Evainhano [1]...

De Dulhaco...

De Solagio....

De Salsano tres quarterias bladi censuales.

De Auriaco...

De Alhaneto...

De Axrhomeco [2]....

De Villa Rubea quinque sestaria bladi meytaderechi.

De Felinis ubi sunt quatuor molendina...

---

1   Faute de copiste, pour *Cuganhano.*

2   Id.   pour *Mothomeco.*

De Alberiis unam eminam arraonis censualis.

De Alberiis aliud molendinum.

De Rupe de Fano ubi sunt quatuor molendina in quibus dominus recipit tertiam partem octo sestariorum bladi, pars domini duo sestaria tres quarterias et partem unius.

De Maisonibus...

De Darnacoleta...

De Cuberia....

De Equabus septem libras censuales.

De Pasano est proprium domini.

De Darnacolleta quod est domini ratione mansatæ.

LIV

DE AURIACO.

Sequitur locus de Auriaco qui est totus domini archiepiscopi Narbonensis cum omnimoda jurisdictione alta et bassa et mero ac mixto imperio et primis appellationibus.

Item habet ibi in dicto loco quæ sequntur per ordinem.

Primo castrum suum proprium pulchrum.

Item tria prata propria patrimonalia.

Item unam vineam propriam.

Item nemora cum devesia cujuscumque venationis cum pena.

Item devesiam piscium in riperia cum pena voluntaria.

Item pasquerium.

Item leudam.

Item cridam et inquantum.

Item omnes homines dicti loci tenentur facere anno quolibet unum jornale ad vindemiandam vineam domini.

Item omnes homines dicti loci tenentur facere domino suo, in novitate sua et toties quoties voluerit, fidelitatis sacramentum.

LV

ITEM DE AURIACO.

Sequntur census annuales dicti loci debiti domino archiepiscopo Narbonensi.

Primo in pecunia septuaginta quinque solidos, quatuor denarios.

Item de frumento unum sestarium, unam quarteriam.

Item de arraone sex sestaria.

Item de avena octo sestaria.

Item gallinæ, triginta gallinas.

Item carnes salse si porci ibi cecidantur, pro quolibet unam petiam.

Item fogassæ aliquæ.

Item vinum in quartonibus circa unum barrale.

Item ratione affranquamenti pro quolibet foco duodecim denarios.

Item habet in dicto loco agreria et tasquas.

Item foriscapia et laudimia.

Item curiam temporalem cum annexis scilicet emendis et compositionibus.

Item notariam quæ respondet notariæ Villæ Rubeæ.

Item terminale vallis de Sedelhano tenetur a domino archiepiscopo et recipit ibi dominus archiepiscopus agreria, tasquas et laudimia, foriscapia et decimas, et habet in dicta valle pasquerium.

LVI

DE EQUABUS.

Sequitur locus de Equabus qui est totus domini archiepiscopi Narbonensis cum omni jurisdictione alta et bassa et mero ac mixto imperio ac primis appellationibus.

Item habet in dicto loco quæ sequntur per ordinem.

Primo unum hospitium pro bladis tenendis.

Item duo prata pulchra vocata de Fortovo.

Item aliud pratum vocatum Planum de l'Egua.

Item aliud modicum pratum in dicto loco.

Item devesiam piscium in riparia cum pena.

Item terminale vocatum de Rapassola.

Item pasquerium pulchrum vocatum de Joncarolis.

Item aliud pasquerium pulchrum vocatum de Fortovo.

Item nemus pulchrum vocatum de Joncarollis.

Item nemora pulchra vocata de Fortovo.

Item las cabanas.

Item molendinum quod facit de censu septem libras.

Item habet in supradictis terminalibus devesiam cum pena cujuscumque venationis.

Item terminus dicti loci debet facere domino archiepiscopo quolibet anno unam quantitatem scutellarum et grasalatorum [et] incisororium.

LVII

ITEM DE EQUABUS.

Sequntur census annuales debiti in dicto loco domino archiepiscopo.

Primo in pecunia cum carnibus salsis et questa annuali et molendino decem libras, quinque solidos.

Item pro quolibet foco ratione afranquamenti duodecim denarios.

Item de frumento duodecim denarios.

Item de avena tredecim sestaria, unam quarteriam rasam.

Item gallinæ triginta quinque et ultra.

Item census carnium salsarum, sed computantur in summa pecuniæ.

Item questam annualem, computatur in summa pecuniæ.

Item in dicto loco cridam et inquantum.

Item banderagium.

Item omnes homines dicti loci tenentur facere domino suo archiepiscopo, in novitate sua et toties quoties voluerit, sacramentum fidelitatis.

Item habet in dicto loco agreria, taschas, quartum, quintum.

Item foriscapia et laudimia.

Item curiam temporalem cum annexis, scilicet compositionibus et emendis.

Item notariam quæ respondet notariæ Villæ Rubeæ.

Item habet in dicto loco et terminalibus [animalia] vocata *de l'espave*.

LVIII

DE CUBERIA.

Sequitur locus de Cuberia qui est totus domini archiepiscopi Narbonensis cum omnimoda jurisdictione alta et bassa mero ac mixto imperio ac primis appellationibus.

Item habet in dicto loco dominus archiepiscopus quæ sequntur per ordinem.

Primo unum hospitium proprium.

Item aliud hospitium pro paleis tenendis vocatum palherum.

Item habet in dicto loco molendinum qui solvit sibi octo libras censuales.

Item habet in riperia dicti loci devesiam piscium cum pena.

Item in dicto loco nemora pulchra.

Item duo pasqueria ; unum vocatur *Comadanulh* et aliud *Cabus del Cottée*.

Item habet in dicto loco cridam et inquantum.

Item omnes homines dicti loci tenentur facere domino suo archiepiscopo, in novitate sua et toties voluerit, sacramentum fidelitatis.

LIX

ITEM DE CUBERIA.

, Sequntur census debiti quolibet anno in dicto loco domino archiepiscopo.

Primo in pecunia. cum molendino decem libras, tres solidos.

Item de frumento unum sestarium.

Item de avena quatuor sestaria rasa.

Item sunt gallinæ censuales quinquaginta.

Item habet in dicto loco tasquas et agreria, quartum, quintum.

Item laudimia et foriscapia.

Item curiam temporalem cum annexis, scilicet compositionibus et emendis.

Item notariam quæ respondet notariæ Villæ Rubeæ.

Item animalia vocata *de l'espave*.

Item in dicto loco [debent] esse plures census, sed perquirantur.

LX

DE PASANO.

Sequitur locus de Pasano qui est totus domini archiepiscopi Narbonensis, cum omnimoda jurisdictione alta et bassa et mero ac mixto imperio et primis appellationibus.

Item habet in dicto loco quæ sequntur per ordinem.

Primo castrum proprium cum una turri.

Item habet in dicto loco decem petias terræ patrimoniales quæ vocantur condaminæ; fuerunt datæ ad novum accapitum domino Antonio Targe sub censu annuali.

Item unum molendinum.

Item omnes homines dicti loci habentes animalia tenentur facere domino suo archiepiscopo quolibet anno duplicem boeriam, unum jornale in condaminis ad ipsas cultivandas et aliud in area ad bladum excutiendum.

Item omnes homines qui non habent animalia tenentur unum iornale tertia die post Penthecostem ad curandum recum molendini.

Item quando molendinum indiget molis omnes homines dicti loci tenentur ad aportandum, dominus archiepiscopus tenetur facere supradictis hominibus expensas in cibo et potu.

Item habet in dicto loco banna et inquantum et cridam.

LXI

ITEM DE PASANO.

Sequntur census annuales dicti loci debiti domino archiepiscopo.

Primo in pecunia quindecim solidos.

Item pro quolibet foco ratione afranquamenti duodecim denarios.

Item de frumento unum sestarium, de avena et ordeo decem sestaria.

Item babet in dicto loco de censu triginta sex gallinas.

Item habet in dicto loco agreria, tasquas, quartum, quintum.

Item foriscapia et laudimia.

Item curiam temporalem cum annexis scilicet compositionibus et emendis.

Item notariam quæ respondet notariæ Villæ Rubeæ.

Item animalia vocata *de l'espave.*

Item debent esse in dicto loco plures census, sed perquirantur.

LXII

DE ALBERIIS.

Sequitur locus de Alberiis qui est totus domini archiepiscopi Narbonensis, cum omnimoda jurisdictione alta et bassa ac mero et mixto imperio et primis appellationibus.

Item habet in dicto loco quæ sequntur per ordinem.

Primo unum hospitium proprium.

Item duo prata pulchra quæ vocantur prata de Sancto Justo.

Item unum nemus pulchrum vocatum de Sancto Justo.

Item habet in dicto loco unam mansatam quæ facit de censu quolibet anno :

Primo in pecunia quatuor solidos duos denarios.

Item pro afranquamento duodecim denarios.

Item eadem unam gallinam et unum sestarium rasum avenæ et unam petiam carnium salsarum.

. Item habet in dicto loco census in pecunia, quatuor solidos, quatuor denarios.

Item quinque gallinas censuales.

Item agreria, tasquas, quartum, quintum, laudimia et. foriscapia.

Item curiam temporalem cum suis annexis et notariam.

. Item habet in dicto loco duos vassallos videlicet Ber-
nardum de Petra Pertusia et Sicardum de Auriaco, qui tenent omnia quæ habent in dicto loco a domino archiepiscopo Narbonensi, et debent facere homagium lige-
rum et unam albergam cum potestativo, in novitate domini archiepiscopi tenentur dimittere castrum suum

proprium domino archiepiscopo et debet poni signum ecclesiæ Sancti Justi supra castrum clamando : Vivat ecclesia , etc.

LXIII

DE DARNACOLLECTA.

Sequitur locus de Darnacollecta ubi dominus archiepiscopus Narbonensis habet totam altam jurisdictionem et merum ac mixtum imperium et primas appellationes et medietatem iurisdictionis mejanæ sive bassæ iurisdictionis , et alia medietas est Hugeti de Arcis , bassali sui.

Item dominus archiepiscopus habet in dicto loco quæ sequntur per ordinem.

Primo certos focos et homines ligeros.

Item unum molendinum cum quadam possessione de mansata.

Item devesiam piscium cum pena in riperia scilicet sibi et Hugeti.

Item pasqueriam herbagii cum pena.

LXIV

ITEM DE DARNACOLLECTA.

Sequntur census annuales debiti domino archiepiscopo Narbonensi.

Primo in pecunia cum carnibus salsis.....

Item de frumento, unum sestarium ; de ordeo, quatuor sestaria et quarteriam.

Item tres gallinas censuales.

Item carnes salsas in petiis, sed computantur in pecunia.

Item habet agreria, tasquas, quartum, quintum.

Item curiam temporalem cum annexis et notariam.

LXV

DE MONTE GALHARDO.

Sequitur locus de Monte Galhardo ubi dominus archiepiscopus Narbonensis habet certos focos et homines de mansata in quibus et eorum possessionibus habet omnimodam jurisdictionem altam et bassam et merum ac mixtum imperium ac primas appellationes.

Item in quodam territorio vocata *la Cava* juxta murum castri versus terminum habet omnimodam jurisdictionem et alia ut supra.

LXVI

ITEM DE MONTE GALHARDO.

Sequuntur census dicti loci annuales debiti domino archiepiscopo Narbonensi.

Primo in pecunia cum carnibus salsis et questa annuali viginti unum solidum, tres denarios.

Item de frumento quatuor sestaria, unam eminam, quarteriam unam ponériam.

Item de avena unum sestarium, eminam, quarteriam.

Item de ordeo quatuor sestaria, eminam, quarteriam.

Item questam annualem et carnes salsas in diversis petiis, sed computantur in pecunia.

Item agreria, tasquas, quartum, quintum.

Item laudimia et foriscapia.

Item curiam temporalem cum annexis et notariam.

Item in omnibus supradictis locis bavilie Villæ Rubeæ habet animalia vocata *de l'espave*.

Item in omnibus locis supradictis dictæ baviliæ debent esse plures census, quare cum diligentia perquirantur.

LXVII

DE ECCLESIIS BAVILIÆ VILLÆ RUBEÆ.

Hæc sunt ecclesiæ baviliæ Villæ Rubeæ in quibus dominus archiepiscopus recipit certam portionem decimæ, premitiæ et tasquæ prout infra continetur.

Primo in ecclesia de Cuxano quartam partem decimæ et præmitiæ.

Item in ecclesia Dompnosana quartam partem decimæ et præmitiæ.

Item in ecclesia de Cuganhano quartam partem decimæ et præmitiæ.

Item in termino et castellania de Querbusio totam decimam et præmitiam.

Item in ecclesia de Solatgio quartam partem decimæ et præmitiæ.

Item in ecclesia de Auriaco quartam partem decimæ et præmitiæ et tasquam.

Item in ecclesia de Alberiis quartam partem decimæ et præmitiæ et tasquam in parte.

Item in ecclesia de Alanheto quartam partem decimæ et præmitiæ.

Item in ecclesia de Salsano quartam partem decimæ et præmitiæ.

Item in ecclesia de Vinea Veteri quartam partem decimæ et præmitiæ.

Item in ecclesia de Duroforti quartam partem decimæ et præmitiæ.

Item in ecclesia de Massaco quartam partem decimæ et præmitiæ et tasquam in valle de Sedelhano.

Item in ecclesia de Darnacolecta quartam partem decimæ et præmitiæ et ultra tasquam.

Item in ecclesia de Felinis quartam partem decimæ et præmitiæ.

Item in ecclesia de Dulhaco quartam [partem] decimæ et præmitiæ vel quasi.

Item in ecclesia de Roffiano quartam partem decimæ . et præmitiæ et ultra quam præpositus facit domino annuatim unum sestarium frumenti.

Item in ecclesia de Carcassesio quartam partem decimæ et præmitiæ.

Item in ecclesia de Terinaco[1] quartam partem decimæ et præmitiæ.

Item in ecclesia Villæ Rubeæ tertiam partem decimæ et præmitiæ et tasquam.

Item in ecclesia de Talayrano tertiam partem decimæ et præmitiæ.

Item in ecclesia de Rupe Fano tertiam partem decimæ et præmitiæ.

Item in ecclesia de Veiano tertiam partem decimæ et præmitiæ.

Item in termino vocato de Valeta totam decimam.

Item in ecclesia de Cubaria totam decimam in bladis et tasquam, carnelagium dividitur ad quintum et tres partes, ita quod rector habet. . . .

Item in ecclesia de Equabus medietatem decimæ et præmitiæ et tasquam.

Item in ecclesia de Montegalhardo quartam partem decimæ et præmitiæ et ultra aliquas tasquas.

Item in ecclesia Sancti Petri de Calmis tres partes et rector quinque partes in bladis et vindemiis et in aliis nihil et sic dividitur ad quinque et tres partes.

Item in ecclesia de Buxa totam decimam extra colles præmitiam addendo et vicarius infra colles præmitiam tantum.

1. Faute de copiste, pour *Treviaco*.

Item in terminali de Valle Migieira totam decimam et in bladis præmitiam.

Item in ecclesia de Vilario de Bela quartam partem in carnelagio.

Item in ecclesia de Axtomeco quartam partem decimæ et præmitiæ.

Item in ecclesia de Tautevolio....

LXVIII

DE QUILHANO.

Sequitur locus de Quilhano qui est totus domini archiepiscopi Narbonensis in temporalibus cum omnimoda jurisdictione alta et bassa ac mero ac mixto imperio et primis appellationibus.

Item habet in dicto loco quæ sequntur per ordinem.

Primo castrum suum proprium pulcherrimum cum duobus viridariis ei contiguis.

Item in villa unam magnam domum cum cellario.

Item unam vineam propriam.

Item unum pratum iuxta villam, quondam fuit condamina.

Item unum molendinum in fluvio Atacis cum sex rotis.

Item habet infra iurisdictionem et terminale de Quilhano omnia herema.

Item habet leudam in dicto castro.

Item medietatem bannorum , alia est communitatis.

Item vetitum vini per viginti unum diem.

Item habet mensuram bladorum.

Item macellum cum pecalibus [1] boum.

Item rocheriam.

Item sunt quatuor hospitia in dicto loco quæ faciunt domino suo archiepiscopo quilibet unum jornale in area, tempore messium.

LXIX

ITEM DE QUILHANO.

Sequntur census annuales qui debentur domino nostro archiepiscopo Narbonensi in dicto castro de Quilhano et terminalibus.

Primo in pecunia viginti duas libras.

Item de frumento novem sestaria eminam et quarteriam.

Item de arraone et in peuca viginti sestaria.

Item de avena duo sestaria.

Item de vino octodecim migerias.

Item unam libram piperis.

Item habet supra domo quam ibidem tenet episcopus Electensis de censu annuo unum florenum auri et in mutatione cujuslibet episcopi unum bacculum pastoralem

---

1. Probablement pour *pec(tor)alibus.* — A la page 8, ce mot est écrit avec la lettre *h : pechalium, pechali*, pour *pec(tor)alium, pec(tor)ali?* L'abréviation n'est pas indiquée dans le manuscrit.

seu tres florenos auri. (Vide in fine hujus libri litteram de hiis.)

Item duas perdices.

Item viginti gallinas.

Item de cera unam libram tres quartones.

Item quinque garbelones racemorum.

Item habet agreria et tasquas et tersones, quartum, quintum.

Item laudimia et foriscapia.

Item curiam temporalem cum annexis, scilicet compositionibus et emendis.

Item notariam.

Item omnes homines dicti loci tenentur facere domino suo archiepiscopo, in novitate sua et totiens quotiens voluerit, sacramentum fidelitatis.

LXX

DE GINOLIS.

Sequitur locus de Ginolis qui est totus domini archiepiscopi Narbonensis cum omnimoda iurisdictione alta et bassa ac mero et mixto imperio et primis appellationibus.

Item habet in dicto loco quæ sequntur per ordinem.

Primo unam condaminam propriam ubi recipit medietatem fructuum.

Item unam parvam petiam terræ cum uno parvo viridario ei contiguo.

Item pasqueria.

LXXI

ITEM DE GINOLIS.

Sequntur census annuales debiti domino archiepiscopo Narbonensi.

Primo in pecunia de censu quinquaginta quinque solidos.

Item pro questa annuali sex libras decem solidos.

Item de frumento novem sestaria.

Item de arraone et avena quinque sestaria eminam duas ponerias.

Item de vino duo modia.

Item gallinas quatuor.

Item habet agreria de blado, vino et olivis.

Item laudimia et foriscapia.

Item curiam temporalem cum annexis, scilicet compositionibus et emendis.

Item notariam.

Item omnes homines dicti loci tenentur facere domino archiepiscopo, in novitate sua et toties quoties voluerit, sacramentum fidelitatis.

LXXII

DE CODUNCHIS.

Sequitur locus de Codunchis cujus loci medietas jurisdictionis altæ et bassæ cum primis appellationibus

pro parte sua est domini archiepiscopi Narbonensis,
et altera medietas domini de Castro Poro.

Item in dicto loco dominus archiepiscopus quæ
sequntur per ordinem.

Primo pulchram forestam.

Item pasquerium.

LXXIII

ITEM DE CODUNCHIS.

Sequntur census annuales dicti loci debiti domino
archiepiscopo Narbonensi.

Primo habet in pecunia de censu quadraginta solidos.

Item pro questa annuali quadraginta solidos.

Item agreria in bladis et fenis.

Item curiam temporalem cum annexis, scilicet
compositionibus et emendis.

Item notariam.

Item omnes homines dicti loci tenentur [facere]
domino suo archiepiscopo, in novitate sua et toties
quoties voluerit, sacramentum fidelitatis.

LXXIV

DE GEBETZ.

Sequitur locus de Gebetz qui est totus domini archiepiscopi Narbonensis cum omnimoda jurisdictione, alta,

media et bassa et mero ac mixto imperio ac primis appellationibus.

Item habet dominus archiepiscopus in dicto loco quæ sequntur per ordinem.

Primo unam domum propriam cum graneriis.

Item unum molendinum cum duabus rotis.

Item pulchram forestam.

Item pasqueria pulchra.

Item molinam de ferro destructam.

Item leudam.

Item banna et cridam et inquantum.

LXXV

ITEM DE GEBETZ.

Sequntur census dicti loci debiti domino archiepiscopo Narbonensi.

Primo in pecunia de censu sex libras.

Item pro questa annuali sexdecim libras et quindecim solidos.

Item de frumento duo sestaria.

Item de arraone et avena quatuor sestaria.

Item agreria et tasquas.

Item foriscapia et laudimia.

Item curiam temporalem cum annexis, scilicet compositionibus et emendis.

Item notariam.

Item omnes homines dicti loci tenentur facere domino suo archiepiscopo, in novitate sua et toties quoties voluerit, sacramentum fidelitatis.

LXXVI

DE VOLUDA.

Sequitur locus de Voluda qui est totus domini archiepiscopi Narbonensis cum omnimoda jurisdictione alta et bassa et mero ac mixto imperio ac primis appellationibus.

Item habet in dicto loco quæ sequntur per ordinem.

Primo in pecunia de censu triginta quatuor solidos.

Item de frumento tria sestaria.

Item de avena octo sestaria rasa.

Item gallinas de censu octodecim.

Item ova gallinarum de censu quadraginta.

Item quinque carteria carnium salsarum de censu.

Item agreria in pluribus locis et pratis.

Item foriscapia et laudimia.

Item curiam temporalem cum annexis, scilicet compositionibus et emendis.

Item notariam.

Item omnes homines dicti loci tenentur facere domino suo archiepiscopo, in novitate sua et toties quoties voluerit, sacramentum fidelitatis.

LXXVII

DE TOSELLIS.

Sequitur locus de Tosellis qui est totus domini archiepiscopi Narbonensis cum omnimoda iurisdictione alta et bassa et mero imperio et primis appellationibus.

Item habet in dicto loco quæ sequntur per ordinem.

Primo in pecunia de censu quindecim solidos.

Item de cera unam libram.

Item de frumento unum sestarium et unam quarteriam.

Item de arraone quinque sestaria.

Item gallinas de censu quindecim.

Item carnes salsas, duo carteria.

Item agreria in vino et blado.

Item foriscapia et laudimia.

Item curiam temporalem cum annexis, scilicet compositionibus et emendis.

Item notariam.

Item omnes homines dicti loci tenentur facere domino suo archiepiscopo, in novitate sua et toties quoties voluerit, sacramentum fidelitatis.

LXXVIII

DE SANCTO MARTINO DE PETRA LESIA.

Sequitur locus de Sancto Martino de Petra Lesia qui est totus domini archiepiscopi Narbonensis cum omnimoda jurisdictione alta et bassa et mero ac mixto imperio et primis appellationibus.

Item habet dominus archiepiscopus in dicto loco quæ sequntur per ordinem.

Primo unum fortalitium in una forti rupe et unam cameram.

Item unam domum.

Item unum molendinum octo rotarum.

Item nemora.

Item pasqueria.

Item devesiam piscium in riperia cum pena.

LXXIX

ITEM DE SANCTO MARTINO DE PETRA LESIA.

Sequntur census annuales dicti loci debiti domino archiepiscopo Narbonensi.

Primo in pecunia de censu quadraginta quinque solidos unum denarium.

Item de frumento tria sestaria.

Item de arraone septem sestaria.

Item de cera quatuor libras.

Item gallinas de censu sexdecim.

Item gallinas de censu sexdecim, et quælibet fogassa debere valere unam libram panis.

Item agreria de blado.

Item foriscapia et laudimia.

Item curiam temporalem cum annexis, scilicet compositionibus et emendis.

Item notariam.

Item omnes homines dicti loci tenentur facere domino suo archiepiscopo, in novitate sua et toties quoties voluerit, sacramentum fidelitatis.

LXXX

DE PETRA LATA.

Sequitur locus de Petra Lata qui est totus domini archiepiscopi Narbonensis cum omnimoda jurisdictione alta et bassa et mero ac mixto imperio ac primis appellationibus.

Item habet dominus archiepiscopus quæ sequntur per ordinem.

Primo pasqueria.

Item habet in pecunia de censu undecim solidos.

Item de avena tres quarterias.

Item agreria in blado, vino et olivis.

Item foriscapia et laudimia.

Item curiam temporalem cum annexis, scilicet compositionibus et emendis.

Item notariam.

Item omnes homines dicti loci tenentur facere domino suo archiepiscopo, in novitate sua et toties quoties voluerit, sacramentum fidelitatis.

LXXXI

DE CABIRACO.

Sequitur locus de Cabiraco qui est totus domini archiepiscopi Narbonensis cum omnimoda jurisdictione alta et bassa et mero ac mixto imperio et primis appellationibus.

Item habet dominus archiepiscopus in dicto loco quæ sequntur per ordinem.

Primo in pecunia de censu quadraginta quinque solidos.

Item de frumento unum sestarium.

Item de arraone quinque sestaria.

Item unam gallinam.

Item agreria in blado , vino et olivis.

Item foriscapia et laudimia.

Item curiam temporalem cum annexis , scilicet com-positionibus et emendis.

Item notariam.

Item omnes homines dicti loci tenentur facere domino suo archiepiscopo , in novitate sua et toties quoties voluerit , sacramentum fidelitatis.

LXXXII

DE BRENACO ET DE FOURUCTZ.

Sequntur loca de Brenaco et de Fouructz in quibus locis dominus archiepiscopus Narbonensis habet totam altam jurisdictionem et merum ac mixtum imperium et primas appellatioues et medietas jurisdictionis est G. d[omini] de Niorto.

Item habet in dicto loco quæ sequntur per ordinem.

Primo in pecunia de censu quatuor libras quinque solidos.

Item de avena duo sestaria.

Item habet gallinas de censu quatuor.

Item agreria, laudimia et foriscapia.

Item curiam temporalem cum annexis, scilicet compositionibus et emendis.

Item notariam.

Item omnes homines dicti loci tenentur facere domino suo et toties quoties voluerit, sacramentum fidelitatis.

LXXXIII

DE SANCTO FERREOLO.

Sequitur locus de Sancto Ferreolo qui non est domini archiepiscopi, sed percipit ibi anno quolibet quæ sequntur per ordinem.

Primo in pecunia de censu octo denarios.

Item de avena ad mensuram Limosi septem sestaria.

Item gallinas quatuor.

Item foriscapia et laudimia in aliquibus locis.

LXXXIV

DE CAMPANA.

Sequitur locus de Campana qui non est domini archiepiscopi, sed percipit ibi quæ sequntur per ordinem.

Primo in pecunia de censu duodecim denarios.

Item unam gallinam censualem.

LXXXV

DE NIORTO.

Sequitur locus de Niorto qui non est domini archiepiscopi Narbonensis, sed percipit ibi anno quolibet quæ sequntur per ordinem.

Primo in pecunia de censu septemdecim solidos.

Item de frumento tredecim sestaria censualia.

Item de arraone ad mensuram Saltus viginti septem sestaria.

Item gallinas duas.

Item unum plenum galatum canilium.

Item foriscapia et laudimia.

LXXXVI

DE GALINAGIIS ET RODOMA.

Sequntur loca de Galinagiis et Rodoma in quibus locis in certis partibus et terminalibus dominus archiepiscopus Narbonensis habet omnimodam jurisdictionem altam et bassam et merum ac mixtum imperium et primas appellationes, et in aliis locis jurisdictio est regis et abbatis Jocondensis.

Item habet in dictis locis quæ sequntur per ordinem.

Primo in pecunia pro questa annuali quatuor libras et octodecim solidos.

Item de frumento ad mensuram Saltus septem sestaria.

Item de arraone septem sestaria.

Item fogassas albas duas.

Item gallinas septem et unum gallum.

Item habet in certis locis dictorum locorum foriscapia et laudimia.

LXXXVII

DE CUMBRETO.

Sequitur locus de Cumbreto qui est totus domini Narbonensis archiepiscopi, excepta alta jurisdictione quæ est domini nostri regis Franciæ.

Item habet in dicto loco quæ sequntur per ordinem.

Primo in pecunia de censu triginta solidos.

Item habet gallinas quinque.

Item habet ibi aliquæ prata quæ de novo emit.

Item habet in dicto loco agreria in bladis et fenis.

Item foriscapia et laudimia.

LXXXVIII

DE BUXO.

Sequitur locus de Buxo qui est domini archiepiscopi.

Item habet dominus archiepiscopus in dicto loco quæ sequntur per ordinem.

Primo pasqueria cum pena.

Item habet in pecunia de censu septem solidos unum denarium.

Item habet de frumento tres quarterias.

Item habet ibi de censu scutellas ligneas viginti unam.

Item habet ibi agreria bona in blado et vino.

Item foriscapia et laudimia.

LXXXIX

DE PISENELLO.

Sequitur locus de Pisenello qui non est domini archiepiscopi Narbonensis, sed habét in dicto loco quæ sequntur per ordinem.

Primo habet in pecunia de censu quæ sequntur per ordinem, scilicet octo solidos, novem denarios.

Item de arraone duo sestaria et eminam.

Item habet gallinas de censu quinque.

Item duos quartones olei de censu.

Item habet duas fogassas albas de censu.

Item duas megieyras vini de censu.

Item habet ibi agreria in bladis et olivis.

Item foriscapia et laudimia in certis locis.

Item habet in quodam terminali vocato de Selmes pasquerium et aliqua agreria.

XC

DE TURRE.

Sequitur locus de Turre qui non est domini archiepiscopi Narbonensis, sed habet ibi illa quæ sequntur per ordinem.

Primo in pecunia de censu tres solidos, quatuor denarios.

Item de ordeo unam quarteriam, unam poneriam et mediam poneriam.

Item de vino quatuor megieyras.

Item gallinas quatuor.

Item de cera unam libram.

Item habet ibi agreria in blado, vino et olivis.

Item habet in certis terminalibus et possessionibus dicti loci foriscapia et laudimia.

XCI

DE MILHAS.

Sequitur locus de Milhas qui non est domini archiepiscopi Narbonensis, sed percipit ibi illa quæ sequntur per ordinem.

Primo in pecunia....

Item de frumento....

Item de ordeo....

Item gallinas....

Item de cera....

Item de vino....

Item agreria.

Item in certis terminalibus et possessionibus dicti loci foriscapia et laudimia.

XCII

DE ASSACO.

Sequitur locus de Assaco qui non est domini archi-episcopi Narbonensis, sed percipit ibi dominus archi-episcopus anno quolibet quæ sequntur per ordinem.

Primo in pecunia de censu duos solidos, quinque denarios.

Item de frumento duas quarterias.

Item in certis terminalibus dicti loci percipit quartam partem et septimam fructuum.

Item agreria in blado et vino in aliquibus terminalibus.

Item foriscapia et laudimia in certis terminalibus et possessionibus.

XCIII

DE ARTIGIIS.

Sequitur locus de Artigiis qui non est domini archiepiscopi Narbonensis, sed percipit anno quolibet quæ sequntur per ordinem.

Primo habet ibi agreria de blado in pluribus locis et terminalibus dicti loci.

Item foriscapia et laudimia in pluribus possessionibus.

XCIV

DE TERMINALI VOCATO REGALE D'ALIERS.

Sequitur terminale vocatum Regale d'Aliers in quo terminali habet dominus archiepiscopus Narbonensis omnimodam jurisdictionem altam et bassam ac merum ac mixtum imperium et primas appellationes.

Item habet ibi anno quolibet illa quæ sequntur per ordinem.

Primo in pecunia de censu viginti duos denarios.

Item habet ibi agreria in blado, vino et feno.

Item foriscapia et laudimia.

XCV

DE QUINTIO BAIONE.

Sequitur bastida de Quintio Baione quæ non est domini archiepiscopi Narbonensis, sed percipit ibi anno quolibet quæ sequntur per ordinem.

Primo de frumento de censu unam quarteriam.

Item de avena unum sestarium et eminam.

XCVI

DE FANO.

Sequitur locus de Fano ubi dominus archiepiscopus Narbonensis habet medietatem mejanæ et bassæ jurisdictionis.

Item habet in dicto loco illa quæ sequntur per ordinem.

Primo medietatem in turri grossa.

Item unum hospitium.

XCVII

ITEM DE FANO.

Sequntur census dicti loci debiti anno quolibet domino archiepiscopo.

Primo in pecunia de censu triginta solidos.

Item in pecunia pro questa annuali triginta solidos.

Item de arraone sex sextaria.

Item de vino duas migieras.

Item habet gallinas de censu duodecim.

Item agreria in blado et vino.

Item foriscapia et laudimia.

XCVIII

DE ANTANHACO.

Sequitur locus de Antanhaco qui non est domini archiepiscopi Narbonensis, sed percipit ibi anno quolibet quæ sequntur per ordinem.

Primo in pecunia de censu quinque solidos.

Item de avena octo sestaria.

Item de oleo unam eminam.

Item foriscapia et laudimia in certis locis.

Item omnia loca supradicta quæ sunt propria domini archiepiscopi Narbonensis faciunt sibi, in novitate sua et toties quoties voluerit, sacramentum fidelitatis.

Item omnes curiæ locorum supradictorum debent respondere curiæ temporali de Quilhano.

Item habet dominus archiepiscopus Narbonensis in omnibus suis locis supradictis animalia vocata *de l'espave.*

Item in tota bailivia de Quilhano et in locis particularibus debent esse plures census, sed cum diligentia per bavilum perquirantur.

XCIX

DE ALANHANO.

Sequitur locus de Alanhano qui est totus domini archiepiscopi Narbonensis cum omnimoda jurisdictione alta et bassa et mero ac mixto imperio et primis appellationibus.

Item habet in dicto loco dominus archiepiscopus quæ sequntur per ordinem.

Primo castrum suum proprium cum viridariis ei contiguis.

Item ecclesiam eiusdem villæ et cappellam dicti castri sicut devesia domini archiepiscopi Narbonensis.

Item habet in dicto castro ante januam maiorem dicti castri unum hospitium ubi sunt stabula in parte inferiori, et in parte superiori graneria.

Item habet iuxta plateam villæ... sive soleria contigua pro paleis et fenis tenendis.

Item unum hospitium ad latus castri versus Altanum ubi tenentur porci.

Item retro castrum unum logale cum parietibus sine coopertura.

Item unum molendinum in riperia.

Item unam aream clausam cum duabus cooperturis.

Item unum pratum de Marsollis.

Item aliud pratum vocatum Pratum Majus.

Item aliud vocatum de Gaytis.

Item aliud vocatum Lauratz.

Item unum nemus pulchrum vocatum de Pinollis.

Item aliud vocatum de Marsollis.

Item aliud vocatum de Aquis.

Item aliud vocatum de Bonopolino.

Item aliud de Pipino.

Item in omnibus quinque supradictis nemoribus habet garenas cuniculorum cum pena.

Item in dicto loco banderagium quod solvit de loquerio.....

Item habet inquantum et cridam ; valent communiter circa centum solidos.

Item leudam ollarum.

Item nullus in toto territorio de Alanhano potest venari vel capere cuniculos sub pena sexaginta solidorum, nisi sit de voluntate domini.

Item omnes homines de Alanhano sunt de districtu molendinorum domini archiepiscopi de Piniciano, et si vadant alibi ad molendum debent perdere farinam vel solvere sexaginta solidos pro pena, electio est domini archiepiscopi; illa fuerunt amota mediantibus octo modiis ordei rendualibus quos faciunt dicti homines annuatim domino Narbonensi ex compositione, etc.

C

ITEM DE ALANHANO.

Sequntur census annuales debiti anno quolibet domino archiepiscopo Narbonensi.

Primo in pecunia undecim libras, undecim solidos et octo denarios.

Item de frumento ad mensuram censualem quindecim modia , novem sestaria , eminam.

Item de ordeo sex modia , novem sestaria.

Item gallinas de censu centum triginta novem.

Item unum par chirothecarum Bernardus de Jubianis dat.

Item de cera septem libras cum dimidia.

Item de pane de censu viginti duas libras panis.

Item quatuor quarteria mutonis de censu.

Item unum agnum de censu.

Item de vino duo sestaria et eminam.

Item de oleo mediam migeriam.

Item agreria, tasquas, tersones, quartum, quintum.

Item foriscapia et laudimia.

Item curiam temporalem cum annexis, scilicet compositionibus et emendis.

Item notariam quæ valet communiter viginti vel viginti quinque libras.

Item omnes homines dicti loci tenentur facere domino suo archiepiscopo, in novitate sua et toties quoties voluerit, sacramentum fidelitatis.

Item infra jurisdictionem et terminalibus castri de Alanhano est bastida de Pinollis et bastida nova Sancti Petri, in quibus locis dominus archiepiscopus Narbonensis habet omnimodam et aliquos census, sed computantur cum censibus castri de Alanhano.

Item habet in castro sive castellania unum homagium, videlicet Gartias Arnaudi de Verduno debet pro quibusdam quæ tenet in dicto castro de Arsenchis, diocesis Carcassonæ, domino archiepiscopo Narbonensi, et debet facere in Narbona homagium.

CI

DE RIOTIO.

Sequitur locus de Riotio qui est totus domini archiepiscopi Narbonensis cum omnimoda jurisdictione alta et bassa et mero ac mixto imperio et primis appellationibus.

Item habet in dicto loco dominus archiepiscopus quæ sequntur per ordinem.

Primo unum hospitium cum solario pro bladis tenendis.

Item aliud hospitium sine solario pro cellario pro vino.

Item unam aream cum coopertura.

Item banderagium sive bairanum quod solvit de loquerio triginta solidos.

Item cridam et inquantum quæ valet communiter circa quatuor libras.

Item totus locus de Riotio facit quolibet anno domino suo archiepiscopo unam albergam pro qua solvunt consules dicti loci sexaginta solidos.

Item omnes homines dicti loci habentes animalia

debent solvere quilibet pro uno animali et pro duobus animalibus duas quarterias ordei pro sivadagio, et si plura habent animalia amplius dare non tenentur. ·

Item omnes homines dicti loci habentes animalia tenentur facere anno quolibet unum jornale cum animali in area domini sui archiepiscopi et dominus tenetur eis facere expensas in cibo et potu.

CII

ITEM DE RIOTIO.

Sequntur census debiti domino archiepiscopo anno quolibet.

Primo in pecunia de censu novem libras, decem solidos.

Item pro questa annuali triginta libras.

Item de frumento decem modia et eminam.

Item gallinas de censu sexaginta.

Item abbas Montis Olivi debet quolibet anno pro paxeria molendini de Burgayrolis unum par chiro-thecarum.

Item habet in dicto loco agreria, tasquas et tersones, quantum, quintum.

Item foriscapia et laudimia.

Item curiam temporalem cum annexis, scilicet com-positionibus et emendis.

Item notariam temporalem quæ respondet notariæ de Alanhano.

Item omnes homines dicti loci tenentur facere domino suo archiepiscopo Narbonensi, in novitate sua et toties quoties voluerit, sacramentum fidelitatis.

CIII

DE MALA MATA.

Sequitur locus de Mala Mata qui non[1] est totus domini archiepiscopi Narbonensis, cum omnimoda jurisdictione alta et bassa et mero ac mixto imperio et primis appellationibus.

Item habet in dicto loco quæ sequntur per ordinem.

Primo in pecunia pro questa annuali viginti solidos..

Item de frumento de censu duo sestaria.

Item de ordeo duo sestaria.

Item agreria, tasquas et tersones, quantum, quintum.

Item foriscapia et laudimia.

Item curiam temporalem cum annexis, scilicet compositionibus et emendis.

Item notariam quæ respondet notariæ de Alanhano.

Item omnes homines dicti loci tenentur facere domino suo archiepiscopo Narbonensi, in novitate sua et toties quoties voluerit, sacramentum fidelitatis.

1. Le mot : *non* doit être supprimé.

CIV

DE CALHAVO.

Sequitur locus de Calhavo qui non est domini archiepiscopi, sed percipit ibi anno quolibet quæ sequntur per ordinem.

Primo in pecunia....

Item in frumento....

Item de ordeo....

Item de vino....

Item gallinas....

Item habet in aliquibus terminalibus et possessionibus foriscapia et laudimia.

CV

DE ECCLESIIS DE REDDESIO BALIVIÆ
DE ALANHANO.

Sequntur ecclesiæ de Reddesio baliviæ de Alanhano quæ faciunt anno quolibet domino archiepiscopo Narbonensi pentionem, prout inferius continetur pro quartonetis.

Primo ecclesia de Paulinhano sex sestaria de frumento.

Item eadem ecclesia de ordeo sex sestaria.

Item ecclesia de Sancto Martino Villæ Reclam de frumento duo sestaria.

Item eadem ecclesia de ordeo duo sestaria.

Item ecclesia de Magriano de frumento octo sestaria.

Item eadem ecclesia de ordeo quatuor sestaria.

Item ecclesia de Montegalhardo de frumento duo sestaria.

Item eadem ecclesia de ordeo duo sestaria.

Item ecclesia de Villa Longa de frumento duo sestaria.

Item eadem ecclesia de ordeo duo sestaria.

Item ecclesia de Lauraguello de frumento tria sestaria.

Item eadem ecclesia de ordeo tria sestaria.

Item ecclesia de Torrellis de frumento duo sestaria.

Item eadem ecclesia de ordeo duo sestaria.

Item ecclesia de Marlasio pro carnalagio de vino quadraginta solidos.

CVI

ITEM DE ECCLESIIS DE REDDESIO BAVILLÆ DE ALANHANO.

Sequntur ecclesiæ de Reddesio baviliæ de Alanhano in quibus dominus archiepiscopus Narbonensis recipit certam pentionem, prout inferius continetur.

Primo in ecclesia de Alanhano tota est annexa mensæ suæ.

Item in ecclesia de Riutio tres partes omnium fructuum.

Item in ecclesia de Brasilhaco tertiam partem omnium fructuum.

Item in ecclesia de Castro Resindo quatuordecimam partem omnium fructuum.

Item in ecclesia de Tonenchis et Serra tertiam partem omnium fructuum.

Item in ecclesia de Villa Martino medietatem omnium fructuum.

Item in ecclesia de Sancto Martino Villæ Reclam tertiam partem omnium fructuum.

Item in ecclesia de Calhavello tertiam partem omnium fructuum.

Item in ecclesia de Corteca et Miromonte tertiam partem omnium fructuum.

Item in ecclesia de Bellagarda sextam partem omnium fructuum.

Item in ecclesia de Montegardallo medietatem omnium fructuum.

Item in cappella rurali de Sancto Justo totum est annexum mensæ domini.

Item in ecclesia de Ponte Mirone et Babone tertiam partem omnium fructuum.

Item in ecclesia de Estulenchis et Lauris tertiam partem omnium fructuum.

Item in ecclesia de Monte Alto medietatem omnium fructuum.

Item in cappella rurali de Sancto Petro Aleat totum est annexum mensæ domini.

Item in ecclesia de Maserolis tertiam partem omnium fructuum.

Item in ecclesia de Bellovidere quartam partem omnium fructuum.

Item in ecclesia de Honosio et Masseto tertiam partem omnium fructuum.

Item in ecclesia de Paulinhano quartam partem omnium fructuum.

Item in ecclesia de Petra Fica tertiam partem omnium fructuum.

Item in ecclesia de Turrellis quartam partem omnium fructuum.

Item in ecclesia rurali de Lugello totum est annexum mensæ domini.

Item in ecclesia de Calhavo dominus archiepiscopus recipit quintam partem bladi et vini et rector septimam, et de carnelagio dominus archiepiscopus recipit tertiam partem.

Item in terminali vocato de Jordaneto ejusdem parrochiæ dominus archiepiscopus recipit totum.

Item in ecclesia de Magriano quartam partem omnium fructuum.

Item in ecclesia Sancti Petri de Fleciano rurali medietatem omnium fructuum.

Item in ecclesia de Burgayrolis quartam partem omnium fructuum.

Item in ecclesia de Ajaco quartam partem omnium fructuum.

Item in ecclesia de Villa Longa dominus recipit tres partes et rector quinque partes.   .

Item in ecclesiis ruralibus Sancti Felicis de Quercu et Sancti Martini, totum.

Item in ecclesia de Salis et Rivagrandis tertiam partem omnium fructuum

Item in ecclesia de Vilarsello nihil ; sed in ecclesia rurali Sancti Petri de Fonte Vivo annexa prædictæ ecclesiæ de Vilarsello, totum.

Item in ecclesia de Malrasio quartam partem bladorum, et pro carnelagio et vino solvit rector domino archiepiscopo quadraginta solidos, computati sunt.

Item in ecclesia de Malveriis decimam sextam partem bladorum et quartam partem. vini et duodecimam partem carnalagii.

Item in ecclesia de Lauraguello quartam partem omnium,

Item in ecclesia de Lidinhano superiori quartam partem omnium fructuum.

Item in ecclesia de Ferrando medietatem omnium.

Item in ecclesia de Gramasia quartam partem omnium.

8

Item in ecclesia de Sepiano octavam partem omnium fructuum.

Item in ecclesia de Monte Galhardo tertiam partem omnium.

Item in ecclesia de Bello Castro quartam partem omnium.

Item dominus archiepiscopus habet in locis suis supradictis animalia vocata *de l'espave*

Item in dicta bavilia sunt plures census vel esse debent , sed cum diligentia per bavilum dicti loci perquirantur.

CVII

DE LIMOSIO.

Sequitur locus de Limosio qui non est domini archiepiscopi Narbonensis , sed habet ibi anno quolibet quæ sequntur per ordinem.

Primo unum pulchrum hospitium ubi tenetur curia spiritualis totius officialatus Reddesii et Limosi , in quo hospitio est cappella pulchra et bene dotata , et sunt ibi carceres et multa alia dicto hospitio annexa.

Item habet dominus archiepiscopus Narbonensis infra dictum suum hospitium omnimodam jurisdictionem altam et bassam et cognitionem ac punitionem quarumcumque personarum infra dictum hospitium delinquentium tam spiritualium quam secularium.

CVIII

ITEM DE LIMOSIO.

Sequntur census annuales debiti anno quolibet domino archiepiscopo Narbonensi.

Primo in pecunia viginti tres libras, quinque solidos, octo denarios, unam pogesiam.

Item de frumento ad mensuram censualem viginti tria sestaria.

Item de ordeo sexaginta unum sestarium, eminam, duas ponerias et mediam.

Item unam gallinam.

Item unam libram ceræ.

Item quinque paria chirothecarum de censu.

Item habet agreria et tasquas in bladis et vinis in terminalibus de Flesiano et Lugello , et dempta sub iurisdictione regia et domini de Axelano dominorum Limosi.

Item recipit in eisdem terminalibus foriscapia et laudimia.

Item habet ibi curiam spiritualem cum annexis , scilicet compositionibus et emendis.

Item sigillum cum pena ceræ et aliis obventionibus.

Item notariam quæ facit domino archiepiscopo singulis [annis] quadraginta scuta.

Item dominus confert scholas dictæ villæ.

Item habet ibi unum molendinum vocatum *del Nigré*, situm in Limosio in fluvio Atassis sub jurisdictione regia, quod tenetur a domino archiepiscopo sub directo dominio et prestatione annui census, sed computatur superius cum aliis censibus.

CIX

DE PINCIANO.

Sequitur locus de Pinciano qui est totus domini archiepiscopi Narbonensis cum omnimoda jurisdictione alta et bassa et mero ac mixto imperio et primis appellationibus.

Item habet in dicto loco quæ sequntur per ordinem.

Primo castrum suum proprium pulchrum cum omnibus pertinentiis, scilicet viridario et duabus cavis pro vinis tenendis.

Item habet in villa supra plateam unum parvum hospitium pro bladis tenendis.

Item aliud hospitium pro feno tenendo contiguum castro.

Item unum palerium et unam aream ei contiguam cum duabus coopertuaris.

Item aliud hospitium contiguum viridario sumptum de novo per dominum Joannem de Gravis bavilum dicti loci.

Item unum furnum proprium cum districtu; de viginti uno pane debent dare unum panem.

Item quatuor columbaria sita in loco vocato *de Ribalz,* de novo acquisita per dominum Petrum divina providentia Narbonensem archiepiscopum.

Item aliud columbarium situm ultra fluvium Atassis in loco vocato ad Planum de Alsono, emptum similiter de novo per bavilum dicti domini Petri archiepiscopi.

Item unum molendinum vocatum de Vado ubi sunt octo rotæ, in quo debent molere homines de Alanhano, Riutio et Mala Mata et Pinollis blada sua, et est pena farinæ et tozalæ vel quadraginta solidorum; electio est domini archiepiscopi Narbonensis.

Item aliud molendinum vocatum de Marchilenchis ubi sunt quatuor rotæ in quo debent molere homines de Piniciano, et est simul pena.

Item habet in pascuis terminalium de Piniciano devesiam quantum ad extraneos et foraneos, ubi nulla animalia extranea debent depasci nec de Piniciano, et est pena sexaginta solidorum.

Item habet medietatem bannorum, alia medietas est consulum villæ.

Item inquantum et cridam, quod facit duas libras ceræ de censu.

CX

ITEM DE PINCIANO.

Sequntur servitutes et deveria quas et quæ faciunt homines de Piniciano anno quolibet domino suo archiepiscopo Narbonensi.

Primo debent omnes apportare ad cellarium domini sui archiepiscopi totam vindemiam, et dominus archiepiscopus tenetur eis dare pro qualibet salmata de terminis magis remotis, quatuor denarios; et de terminis propinquis, pro salmata duos denarios.

Item omnes homines dicti loci, habentes animalia pro agricultura, tenentur dare domino suo archiepiscopo quilibet pro sivadagio et laussidio *(sic)*, pro uno animali, decem ponerias ordei et unam quarteriam frumenti; et pro duobus animalibus, viginti ponerias ordei et unam eminam frumenti ; et sic per consequens ascendendo quotquot animalia habebunt, et dominus archiepiscopus debet eis tenere fabrum expensis suis qui aptet predictis hominibus instrumenta necessaria ad terram cultivandam.

Item omnes homines dicti loci habentes animalia tenentur facere domino suo archiepiscopo dua jornalia animalis propter stabulum de nemoribus de Alanhano ad castrum de Piniciano apportandis, et dominus archiepiscopus tenetur hominibus qui ducent predicta animalia providere de cibo et potu solum.

Item omnes homines dicti loci habentes animalia supradicta debent quilibet domino suo archiepiscopo quolibet anno duas migerias vini.

Item omnes homines dicti loci habentes boves pro agricultura, tenentur dare anno quolibet domino suo archiepiscopo, pro quolibet pari boum, quinque sestaria ordei.

Item omnes homines dicti loci non habentes animalia, tenentur facere quilibet domino suo archiepiscopo anno

. quolibet unum jornale in vendemiis in torculari, et
dominus archiepiscopus tenetur eis providere de pane
et vino solum.

Item omnes homines dicti loci tenentur dare quolibet
anno domino suo archiepiscopo quilibet duas migerias
vini.

CXI

ITEM DE PINCIANO.

Sequntur census annuales dicti loci debiti anno quolibet domino archiepiscopo Narbonensi.

Primo in pecunia in loco de Pinitiano de censu quatuordecim libras, quinque denarios, obolum.

Item in eodem loco pro questa annuali in festo
Omnium Sanctorum triginta libras.

Item in terminali de Marcellano in pecunia quatuor
libras, quinque solidos.

Item de frumento de censu tam in Piniciano quam in
terminalibus de Marcellano anno quolibet quinque modia,
sex sestaria, tres quarterias, tres ponerias.

Item de ordeo in eisdem locis octodecim modia, unum
sestarium, decem ponerias et mediam.

Item habet gallinas de censu centum undecim cum
dimidia.

Item abbas monasterii Olivi debet quolibet anno pro
custodia ecclesiarum de Burgayrolis et Gramasia, per

compositionem factam inter dominum Petrum archiepiscopum et ipsum, sex gallinas.

Item abbas Sancti Policarpi pro custodia ecclesiarum de Gaiano et Sancto Policarpo debet eadem ratione anno quolibet quatuor gallinas.

Item habet ceram de censu in Pinciano triginta quinque libras et mediam et tertiam partem unius.

Item in terminali de Marcelhano unam libram et tres quartones ceræ.

Item habet in dicto loco de Piniciano apes de decima.

Item habet in loco de Piniciano unum par chirotecarum de censu.

Item in terminali de Marcelhano duo paria chirothecarum de censu.

Item habet in loco de Piniciano herbam vocatam *del rodor* de qua recipit decimam, premitiam, tasquam, tersones, quartum, quintum.

Item agreria et tasquas, tersones, quartum, quintum.

Item foriscapia et laudimia.

Item curiam temporalem cum annexis, scilicet compositionibus et emendis.

Item notariam.

Item omnes homines dicti loci tenentur facere domino suo archiepiscopo, in sua novitate et toties quoties voluerit, sacramentum fidelitatis.

Item in terminalibus de Marcelhano recipit agreria, tasquas, quartum, quintum.

Item in eisdem terminalibus recipit foriscapia et laudimia.

Item habet dominus archiepiscopus in castro de Pinciano et terminalibus animalia vocata *de l'espave.*

Item habet dominus archiepiscopus Narbonensis in castro de Pinciano plures census, sed cum diligentia per bavilum dicti loci perquirantur.

CXII

ECCLESIA DE PINCIANO.

Sequitur quid et quantum et qualem portionem dominus archiepiscopus Narbonensis recipit in ecclesia de Pinciano, videlicet tres partes omnium fructuum quorumcumque, excepto manuali quod est rectoris, et rector recipit quinque partes.

Item in duabus ecclesiis ruralibus annexis ecclesiæ de Pinciano videlicet in ecclesia beati Michaelis de Valusio et beati Jacobi de Auseda, totum.

Item in terminalibus de ultra Colla de Bosco et ultra fluvium Atassis totam decimam.

Item in ecclesia rurali Beatæ Mariæ de Alsono totam decimam et in toto termino ejusdem agreria et tasquas, tersones, quartum, quintum.

Item recipit dominus archiepiscopus in ecclesia de Marcelhano et terminalibus tertiam partem omnium fructuum et tersones, quartum, quintum.

CXIII

DE CARCASSONA.

Sequitur locus de Carcassona ubi dominus archiepiscopus Narbonensis habet in medio civitatis Carcassonæ unum pulcrum hospitium. cum cappella et duobus viridariis et aliis dicto hospitio contiguis et annexis.

Item dominus archiepiscopus Narbonensis, in burgo Carcassonæ, unum pulchrum patuum cum magnis parietibus pro hospitio construendo inceptis, cum viridario infra.

Item gentes domini archiepiscopi Narbonensis possunt per totam civitatem et burgum Carcassonæ portare arma.

CXIV

DE CANETO.

Sequitur locus de Caneto qui est totus domini archiepiscopi Narbonensis cum omnimoda jurisdictione alta et bassa et mero ac mixto imperio et primis appellationibus.

Item habet in dicto loco quæ sequntur per ordinem.

Primo castrum suum proprium cum cellario et graneriis dicto castro contiguis.

Item habet stabula ante dictum castrum contigua ecclesiæ cum fenario eis contiguo.

Item in villa unam domum sitam in carrieyra Petri Mathei pro granerio et cellario.

Item unum hospitium in villa situm in Carrieyra Nova, in quo sunt graneria desuper et desubtus stabula, datum ad novum accapitum per dominum Petrum.

Item aliud stabulum modicum situm juxta furnum in quo......

Item habet juxta villam unam condaminam propriam sitam iuxta puteum villæ.

Item habet aliam condaminam magnam et bonam quam acquisivit dominus meus Petrus Narbonensis archiepiscopus a Petro Scutiferi dicti loci.

Item unum ortum proprium situm extra fossata.

Item unum hospitium extra villam, juxta fossatum villæ, in quo hospitio est molendinum olivarum cum districtu.

Item habet furnum suum proprium cum districtu; ad triginta panes debent decoqui; valet circa quadraginta sestaria bladi mitadenchi.

Item molendinum valde pulchrum in fluvio Atassis cum turri et graneriis; valet circa centum viginti sestaria bladi, de arraone et frumento.

Item navem suam propriam in fluvio Atassis, quæ valet communibus annis quadraginta florenos; non tenet eam, imo dimisit.

Item leudam carrassellorum in fluvio Atassis juxta molendinum; pro quolibet carrassio, unum denarium Narbonensem.

Item cridam et inquantum.

Item vetitum vini a festo Sancti Joannis usque ad festum Assumptionis Beatæ Mariæ.

Item pondus panis.

Item macellum; videlicet quando porci occiduntur et habent sanguinem, dominus archiepiscopus recipit *los nombles* porcorum; et si non habent sanguinem, nihil recipit.

Item habet dominus archiepiscopus in toto territorio de Caneto venationem cuniculorum et perdicum quæ venditur; ita quod nullus ausus est capere cuniculos nec perdices sub pena sexaginta solidorum, nisi de licentia domini.

Item habet dominus [et] rector in qualibet copula nuptiarum medium quarterium mutonis, sex denarios porci, dividenda inter ipsos equis partibus.

CXV

ITEM DE CANETO.

Sequntur servitutes ac servitia quas et quæ faciunt anno quolibet gentes de Caneto domino suo archiepiscopo Narbonensi.

Primo boeriam; omnes homines de Caneto habentes [animalia] tenentur facere domino suo archiepiscopo anno quolibet unum jornale de aratro in condamina sua, et dominus archiepiscopus tenetur eis facere expensas in potu et cibo.

Item illi qui non habent boves cujuscumque status

tenentur facere de quolibet hospitio unum jornale in area garbeiando, excutiendo bladum vel aliter, et dominus tenetur ad expensas, ut supra.

Item asinariam ; omnes homines dicti loci habentes animalia tenentur portare domino suo archiepiscopo quolibet anno apud Narbonam totum bladum de tasquis, decimis ac usaticis, quod percipit dominus archiepiscopus in castro et terminalibus de Caneto, et dominus archiepiscopus tenetur facere apud Narbonam hominibus solum qui sequntur animalia, expensas in cibo et potu.

Item omnes homines dicti loci tenentur aportare de area ad graneria domini archiepiscopi cum eorum saccis et cabassis totum bladum de decima et tasquis.

Item omnes homines dicti loci tenentur aportare ad cellarium domini archiepiscopi totam vindemiam ad dominum archiepiscopum pertinentem, eorum expensis.

Item omnes homines dicti loci tenentur facere oleum in molendino olivarum domini sui archiepiscopi et debent dare pro qualibet cauda olei sex denarios, semper et non plus nec minus, et ossa olivarum sunt domini archiepiscopi.

Item quando navis de Caneto fit de novo vel reparatur, omnes homines de Caneto debent eam, eorum expensis, extrahere de aqua et reducere in aquam.

Item si, propter inundantiam aquarum, navis remaneat supra terram, prædicti homines tenentur eam eorum expensis in aquam reducere.

Item si aqua duceret navem a casu vel a fortuna alicubi, prædicti homines de Caneto tenentur prædictam navem quocumque eat sequi, nisi esset deffectus nautæ, et debent eam reducere ad portum, et dominus archiepiscopus tenetur providere de expensis quamdiu dictam navem sequentur, et nullum aliud salarium tenetur eis dare, nisi solum expensas.

Item prædicti homines, propter prædicta, sunt immunes a portu navis et nihil debent solvere.

Item dominus archiepiscopus Narbonensis recipit in quodam cappellanio instituto et fundato in ecclesia parrochiali de Caneto, pro novo introitu cappellani, decem libras; quod cappellanium tenet nunc dominus Bernardus Domigonis.

CXVI

ITEM DE CANETO.

Sequntur census annuales debiti anno quolibet domino archiepiscopo Narbonensi in loco de Caneto.

Primo in pecunia quinque libras, quatuor solidos, tres *deniers* et obolum.

Item de frumento sex sextaria.

Item de ordeo centum quinquaginta quatuor sestaria et septem ponerias.

Item unam gallinam censualem.

Item tres anseres.

Item unum cuniculum.

Item habet in dicto loco agreria , tasquas, tersones, quartum et quintum.

Item accapita.

Item foriscapia et laudimia.

Item curiam temporalem cum annexis, scilicet compositionibus et emendis.

Item notariam quæ facit de pentione anno quolibet domino archiepiscopo centum solidos.

Item notariam de Lesinhano testamentorum et nuptiarum ; facit de pentione anno quolibet domino archiepiscopo Narbonensi quadraginta solidos.

Item omnes homines de Caneto tenentur facere, in novitate domini sui archiepiscopi et toties quoties voluerit, sacramentum fidelitatis.

CXVII

DE FONTE ERECTO.

Sequitur de Fonte Erecto qui est totus domini archiepiscopi Narbonensis cum omnimoda jurisdictione alta et bassa et mero ac mixto imperio et primis appellationibus.

Item habet dominus archiepiscopus in dicto loco quæ sequntur per ordinem.

Primo habet ibi unam fortalitiam cum una turri et cappella. ·

Item habet ibi condaminas et possessiones , terras et

vineas per dominum Petrum, nunc præsidentem, de novo acquisitas, dicto loco contiguas.

Item habet ibi pasquerium cum devesia cum pena; valet communiter viginti florenos.

Item unum pratum; valet circa viginti quinque florenos.

Item unum nemus cum devesia cum pena arbitraria; in quo nemore sunt garenæ cuniculorum, et nullus debet venari nisi de licentia domini.

Item dominus de Monte Rebegio facit domino archiepiscopo Narbonensi homagium ligerum propter aliqua feuda et possessiones quas tenet in territorio de Fonte Erecto.

Item idem dominus solvit domino archiepiscopo unum par chirothecarum.

CXVIII

DE CRUSCADIS.

Sequitur locus de Cruscadis qui est totus domini archiepiscopi Narbonensis cum omnimoda jurisdictione alta et bassa et mero ac mixto imperio et primis appellationibns.

Item habet dominus archiepiscopus in dicto loco quæ sequntur per ordinem.

Primo castrum suum proprium.

Item furnum proprium cum districtu; debent decoqui ad triginta panes.

Item molendinum cum districtu.

Item riperiam pro cuniculis cum devesia ubi sunt vivaria et garenæ cuniculorum, et pena quadraginta solidorum quicumque ibi sine licentia venetur.

Item stagnum vocatum de Cruscadis ubi habet dominus medietatem in piscatione, alia medietas est comitis Vindocinensis.

Item habet in dicto stanno venationem avium quæ est tota sua.

Item habet in loco et terminalibus de Cruscadis venationem cuniculorum et perdicum.

Item cridam et inquantum.

Item banna.

Item omnes homines dicti loci tenentur aportare de area ad graneria domini sui archiepiscopi, cum eorum saccis et cabassis, totum bladum de decima et tasquis.

Item debent azinariam; omnes homines dicti loci habentes animalia tenentur portare apud Narbonam ad graneria domini sui archiepiscopi anno quolibet totum bladum de decimis et tasquis et usaticis, et dominus archiepiscopus debet eis Narbonæ in prandio hominibus solum expensas.

CXIX

ITEM DE CRUSCADIS.

Sequntur census annuales dicti loci debiti anno quolibet domino archiepiscopo Narbonensi.

9

Primo in pecunia quatuor **libras**, **decem** solidos.

Item de frumento septuaginta sestaria et mediam poneriam.

Item de ordeo quadraginta tria sestaria, sex ponerias et mediam.

Item duas gallinas censuales.

Item de vino decem migerias.

Item agreria et tasquas, quartum, quintum.

Item foriscapia et laudimia.

Item curiam temporalem cum annexis, scilicet compositionibus et emendis.

Item notariam quæ respondet notariæ de Caneto.

Item omnes homines dicti loci tenentur facere domino suo archiepiscopo, in novitate sua et toties quoties voluerit, sacramentum fidelitatis.

CXX

DE VILLA D'ANHANO.

Sequitur locus de Villa d'Anhano qui est totus domini archiepiscopi Narbonensis cum omnimoda jurisdictione alta et bassa et mero ac mixto imperio et primis appellationibus.

Item habet in dicto loco quæ sequntur per ordinem.

Primo habet in castro unum hospitium suum proprium pro graneriis; datum est ad novum accapitum per dominum Guilhermum Domigonis.

CXXI

ITEM DE VILLA D'ANHANO.

Sequntur census dicti loci debiti anno quolibet domino archiepiscopo Narbonensi.

Primo in pecunia viginti octo solidos et novem denarios.

Item de frumento sex sestaria, eminam.

Item de ordeo nonaginta quatuor sestaria, tres quarterias, unam poneriam et mediam.

Item agreria, tasquas, tersones, quartum, quintum.

Item foriscapia et laudimia.

Item venationem cuniculorum et perdicum cum devesia et pena.

Item curiam temporalem cum annexis, scilicet compositionibus et emendis.

Item notariam quæ respondet notariæ de Caneto.

Item omnes homines dicti loci tenentur facere domino suo archiepiscopo, in novitate sua et toties quoties voluerit, sacramentum fidelitatis.

Item in molendino de Villa d'Anhano capiuntur anguillæ de montada, in quibus dominus habet quartam partem; sed reductum est ad usaticum duarum gallinarum.

CXXII

DE QUILHANETO.

Sequitur locus de Quilhaneto in quo loco dominus archiepiscopus Narbonensis habet totam altam juris-dictionem et merum ac mixtum imperium et primas appellationes et quartam partem jurisdictionis mejanæ sive bassæ, aliæ tres sunt capituli Sancti Justi Narbonensis.

Item habet in prædicto loco duo homagia prædictorum Joannis Vitalis et N. de Montesquivo, qui quidem tenent a domino archiepiscopo Narbonensi quidquid tenent in dicto castro sub prestatione homagii ligerii et recognitionem feudi cum potestativo, cum laudimio et foriscapio, si venderetur.

Item habet in dicto castro dominus archiepiscopus Narbonensis potestatem, videlicet in novitate cujuslibet archiepiscopi Narbonensis in adventu suo de novo vel in adventu alicujus venientis ex parte sua, pro recognitionibus faciendis, mitti debent et tradi claves castri, et vassalli debent sibi dimittere totum castrum, et debet poni signum seu vexillum ecclesiæ Narbonensis in cacumine turris, et debet clamari : *Vivat ecclesia Narbonensis*, ter.

CXXIII

DE . VENTENACO.

Sequitur locus de Ventenaco qui est totus domini archiepiscopi Narbonensis, cum omnimoda jurisdictione

alta et bassa et mero ac mixto imperio ac primis appellationibus.

Item habet dominus archiepiscopus quæ sequntur per
ordinem.

Primo castrum suum proprium.

Item unum hospitium quod evenit sibi de novo de
mansata quæ fuit quondam Guilhermi de Cruscadis.

Item hospitia antiqua pro bladis tenendis; sed data
sunt ad novum accapitum universitati, ad usaticum
viginti solidorum.

Item sunt possessiones aliquæ de mansata quæ fuerunt
quondam Guilhermi de Cruscadis, quæ tenentur ad manum domini archiepiscopi.

Item habet ibi inquantum et cridam.

Item banna.

Item habet ibi devesiam et venationem cuniculorum
cum pena.

CXXIV

ITEM DE VENTENACO.

Sequntur servitutes et servitia quas et quæ faciunt
domino archiepiscopo Narbonensi anno quolibet domino
archiepiscopo Narbonensi homines de Ventenaco.

Primo asinariam ; omnes homines dicti loci tenentur
apportare apud Narbonam ad graneria domini sui
archiepiscopi totum bladum de decimis, tasquis et usaticis,

et dominus archiepiscopus debet facere apud Narbonam in prandio hominibus solum expensas in cibo et potu.

Item omnes homines dicti loci sunt de districtu molendini de Caneto.

Item omnes homines dicti loci tenentur apportare ad cellarium domini sui totam vindemiam ad dictum dominum pertinentem suis sumptibus et expensis, et dominus nihil tenetur eis dare.

Item omnes homines dicti loci tenentur portare ad graneria domini sui archiepiscopi totum bladum de decimis et tasquis, et dominus debet eis tradere saccos.

Item omnes homines dicti loci tenentur reducere navem in aquam, si aqua casualiter dictam navem in partem eorum super terram dimittat.

Item omnes homines dicti loci sunt immunes à portu navis.

CXXV

ITEM DE VENTENACO.

Sequntur census annuales dicti loci debiti anno quolibet domino archiepiscopo Narbonensi.

Primo in pecunia quatuor libras, decem solidos, undecim denarios.

Item in pecunia ratione affranquamenti viginti libras.

Item pro hospitio de novo ad accapitum dato, viginti solidos.

Item de frumento viginti septem sestaria, eminam.

Item de ordeo centum sestaria et quarteriam.

Item habet gallinas de censu decem, et tria quarteria unius.

Item ratione affranquamenti viginti gallinas.

Item vinum de censu septem sestaria, undecim quartones.

Item sex panes et quartam [partem] unius panis.

Item octodecim albergas militum; valent duodecim florenos et ultra.

Item agreria, tasquas, tersones, quartum, quintum.

Item habet foriscapia et laudimia.

Item curiam temporalem cum annexis, scilicet compositionibus et emendis.

Item notariam quæ respondet notariæ de Caneto.

Item omnes homines dicti loci tenentur facere domino suo archiepiscopo Narbonensi, in novitate sua et toties quoties voluerit, sacramentum fidelitatis.

Item homagium Bartholomei Radulphi, alias de Agello; facit domino archiepiscopo Narbonensi homagium ligerum pro uno feudo nobili quod tenet in loco de Ventenaco.

CXXVI

DE SANCTO MARCELLO.

Sequitur locus de Sancto Marcello qui est totus domini archiepiscopi Narbonensis, cum omnimoda jurisdictione

alta et bassa et mero ac mixto imperio et primis appellationibus.

Item habet in dicto loco quæ sequntur per ordinem.

Primo castrum cum una turri.

Item unum hospitium modici valoris infra castrum,
quod datum est ad novum accapitum ad tres eminas
ordei.

Item habet ibi dominus quod emit unum cavalherium
et octo sestaria frumenti censualia et ultra tasquas et
alia agreria.

Item cridam et inquantum.

Item banna.

Item asiuariam; omnes homines dicti loci habentes
animalia tenentur portare apud Narbonam, ad graneria
domini sui archiepiscopi, totum bladum de decimis et
tasquis et usaticis, et dominus archiepiscopus debet
facere hominibus solum expensas in cibo et potu.

CXXVII

ITEM DE SANCTO MARCELLO.

Sequntur census annuales debiti anno quolibet in dicto
loco domino suo archiepiscopo Narbonensi.

Primo in pecunia quadraginta solidos, decem denarios.

Item pro questa annuali septem libras, septem solidos.

Secundum instrumentum affranquamenti, homines de
Sancto Marcello non tenentur solvere, tam pro questa

antiqua quam ratione affranquamenti, nisi viginti quinque libras.

Item pro questa nova ratione affranquamenti octodecim libras, decem solidos.

Item de ordeo tredecim sestaria, unam quarteriam.

Item gallinas quinque et quartam partem unius.

Item panes quatuordecim unius de[nari]i.

Item de vino septem sestaria, quinque quartones.

Item duas libras ceræ) navis. (Ista solvuntur Nar-
Item duas libras piperis) bonæ).

Item agreria et tasquas, tersones, quartum, quintum.

Item venationem cuniculorum et perdicum cum devesia et pena.

Item foriscapia et laudimia.

Item curiam temporalem cum annexis, scilicet compositionibus et emendis.

Item notariam quæ respondet notariæ do Caneto.

Item omnes homines dicti loci tenentur facere domino suo archiepiscopo Narbonensi, in novitate sua et toties quoties voluerit, sacramentum fidelitatis.

CXXVIII

HOMAGIA.

Andreas Benedicti facit homagium domino suo archiepiscopo Narbonensi pro illis quæ tenet in loco de Sancto Marcello.

Item dominus archiepiscopus habet in omnibus locis suis baviliæ de Caneto animalia vocata *de l'espave*.

Item in dicta bavilia debent esse plures census et deveria plura, sed cum diligentia per bavilum perquirantur.

CXXIX

DE ECCLESIIS BAVILIÆ DE CANETO.

Sequntur ecclesiæ baviliæ de Caneto in quibus dominus archiepiscopus Narbonensis recipit pro quartonetis summam inferius descriptam seu expressam in Minerbesio.

Primo ecclesia de Redorta solvit de frumento quatuor sestaria.

Item eadem ecclesia de ordeo quatuor sestaria.

Item solvit pro pentione ecclesiæ quadraginta duo sestaria frumenti.

Item de ordeo quadraginta duo sestaria ordei.

Item ecclesia Sancti Petri de Taxionibus de frumento duo sestaria.

Item eadem de ordeo duo sestaria.

Item eadem ecclesia facit pro pentione annua domino archiepiscopo de frumento viginti unum sestarium.

Item de ordeo viginti unum sestarium.

Item ecclesia de Sancto Andrea de Asiliano de frumento tria sestaria.

Item eadem ecclesia de ordeo tria sestaria.

Item ecclesia de Palatio de frumento duo sestaria.

Item eadem ecclesia de ordeo duo sestaria.

Item ecclesia de Traussano de frumento quatuor sestaria.

Item eadem ecclesia de ordeo quatuor sestaria.

Item ecclesia de Joarris de frumento quatuor sestaria.

Item eadem ecclesia de ordeo quatuor sestaria.

Item ecclesia de Buedella de frumento duo sestaria.

Item eadem ecclesia de ordeo duo sestaria.

Item ecclesia de Figueriis unum sestarium.

Item de ordeo eadem ecclesia unum sestarium.

Item ecclesia Sancti Juliani de Asiliano de frumento quatuor sestaria.

Item eadem ecclesia de ordeo quatuor sestaria.

Item ecclesia de Villaramberto de frumento duo sestaria.

Item eadem ecclesia de ordeo duo sestaria.

Item ecclesia de Pepionibus de frumento quatuor sestaria.

Item eadem ecclesia de ordeo quatuor sestaria.

Item ecclesia Sancti Stephani de Treiciano de frumento duo sestaria.

Item eadem ecclesia de ordeo duo sestaria.

Item ecclesia de Posolio de frumento duo sestaria.

Item eadem ecclesia de ordeo duo sestaria.

Item ecclesia de Jubilantio de frumento duo sestaria.

Item eadem ecclesia de ordeo duo sestaria.

Summa frumenti quartonetorum prædictarum ecclesiarum triginta octo sestaria.

Summa ordei de quartonetis prædictarum ecclesiarum triginta octo sestaria.

CXXX

DE ECCLESIIS BAVILIÆ DE CANETO.

Sequntur ecclesiæ baviliæ de Caneto quæ faciunt anno quolibet domino archiepiscopo Narbonensi pentionem in pecunia , prout inferius continetur.

Primo ecclesia de Sancta Valeria solvit triginta duos solidos.

Item ecclesia de Quilhaneto octodecim solidos.

Item ecclesia de Scalis quindecim solidos.

Item ecclesia de Rupe Curva viginti solidos.

Item ecclesià de Serama quindecim solidos.

Item ecclesia de Robiano octo solidos.

Item ecclesia de Ornationibus viginti solidos.

Item ecclesia de Botenaco quadraginta solidos.

Item ecclesia de Conilhaco duodecim solidos.

Item ecclesia de Monterabegio quindecim solidos.

Item ecclesia de Castro Novo quadraginta solidos.

Item ecclesia de Canoys quadraginta solidos.

Item ecclesia de Gatpazenchis viginti quinque solidos.

Item ecclesia de Camone sex solidos.

Item ecclesia de Villari de Portu quindecim solidos.

Item ecclesia de Parasano viginti quinque solidos.

Item ecclesia Sancti Martini de Toca triginta solidos.

Item ecclesia de Argenchis quindecim solidos.

Item ecclesia de Redorta sexaginta octo solidos, octo denarios.

Item ecclesia Sancti Petri de Taxionibus viginti tres solidos, quatuor denarios.

CXXXI

DE DEFFALCATIONE ARRENDAMENTORUM.

Quotiescumque facienda est deffalcatio arrendamentorum, pro tempestate seu cavalgata, facienda est ut sequitur :

Pro sestario frumenti, quinque solidos.

Pro sestario ordei, duos solidos, sex denarios.

Pro sestario avenæ, duos solidos ⎫
Pro modio vini, viginti solidos ⎬ bonæ monetæ.
Pro sestario olei, viginti solidos ⎭

CXXXII

CONCORDATIO FACTA INTER DOMINUM PETRUM DE JUDICIA ,
ARCHIEPISCOPUM NARBONENSEM , ET DOMINUM G.
EPISCOPUM ELECTENSEM , DE QUODAM HOSPITIO SITO IN
LOCO DE QUILHANO.

Petrus, miseratione divina primæ sanctæ sedis Narbonensis archiepiscopus et primas, notum facimus universis
quod bonæ memoriæ dominus G. episcopus Electensis ,
præ decessor immediatus venerabilis patris domini G. nunc
episcopi Electensis , tam pro vinis suis recolligendis quam
aliis iustis et rationalibus causis emisset quoddam hospitium in castro nostro de Quilhanone , diocesis Electensis,
situatum juxta tenentiam Bernardi Mariæ , Jacobi
Basterii et Raymundi Raffanelli et iuxta vias publicas,
quod quidem hospitium tenebatur a nobis et ecclesia
nostra Narbonensi sub certo annuo censu , nosque
sæpius requisivissemus et requirere fecissemus , tam
præffatum deffunctum quam modernum episcopos su-
pradictos et gentes suas , quod dictum hospitium
extra manum ponerent suæ ecclesiæ Electensis, cum
ipsum hospitium ad manum eorum sine magno præiu-
dicio nostro , nostræque ecclesiæ Narbonensis, teneri
nec possideri possent , cum prædicto hospitio ut de
aliis hospitiis et possessionibus loci prædicti de Quilhano
foriscapium et alia jura et deberia nobis et ecclesiæ
nostræ prædictæ pertinentia super eo habere non posse-
mus, et alia iura nostra et ecclesiæ nostræ Narbonensis
circa hoc deperirent , nisi aliter ipse episcopus no-

biscum conveniret, taliter quod nos et nostra Narbonensis ecclesia et nostri successores supra premissis
nullum præiudicium paterentur ; tandem pluribus
tractatibus habitis inter nos et dictum episcopum Electensem et gentes suas supra premissis, et habita delibe-
ratione, voluntate, consilio et assensu capituli nostri
Narbonensis, concordavimus cum dicto moderno episcopo
Electensi supra præmissis in modum qui sequitur :
Videlicet quod dictus episcopus Electensis et sui .in
perpetuum successores episcopi Electenses in recompen-
sationem omnium jurium quæ nos et ecclesia nostra
prædicta habemus et habere possumus quoquomodo in
hospitio prædicto ratione census et foriscapii et laudimii,
ceteris juribus superioritatis nobis et ecclesiæ nostræ
prædictæ retentis, dabunt et solvent, dare et solvere
tenebuntur cum confusione tantum antiqui census
duodecim denariorum, quem censum hospitium prædictum annis singulis hactenus nobis facere solebat, videlicet
unum par calcarum alborum solvendorum nobis et
successoribus nostris deinceps in futurum, annis singulis
in festo beati Thomæ apostoli per dictum episcopum et
successores suos aut gentes suas in loco de Limosio, si
ibi præsentes fuerimus nos vel nostri successores ,
alioquin, nobis absente, cancellario seu receptori nostris
Limosi vice et nomine nostro recipienti, vel pro ipsis
calcaribus valorem unius floreni auri boni et fini
ponderis, ita quod solvendo valorem predictum unius
floreni, si maluerint ipsum solvere quam calcaria, sunt
liberi a solutione calcarum prædictorum, nec non in
mutatione cuiuslibet episcopi Electensis solvere tenean-

tur nobis et successoribus nostris in loco prædicto de
Limosio ut prædictum est solvere teneantur , videlicet
unum bordonem sive bacculum fusteum portatilem more
prelati, seu pro estimatione dicti baculi seu bordonis
valorem iustum trium florenorum auri boni , fini et recti
ponderis, ita quod obtio sit mei et successorum meorum
seu dicti cancellarii, actumque extitit inter nos et
modernum episcopum Electensem, nominibus quibus
supra, quod prætextu census seu bordonis seu estima-
tionis ipsorum non solutorum prædictum hospitium non
cadat seu cadere possit ulterius in commissum, ita
tamen quod si dictus episcopus vel sui successores in
futurum cessarent per duos annos vel ultra solvere
dictum censum vel bordonem prædictum, cum casus
occureret quod nos vel vicarii nostri generales in
spiritualibus et temporalibus quibus seu vicariis nostris
videbitur expedire , et ita dictum episcopum et successores suos ad solutionem premissorum modo præmisso
faciendam compellere seu compelli facere valeamus,
ut est dictum ; quæ omnia dictus episcopus, pro se
et successoribus suis et ecclesia sua Electensi, facere
et solvere promisit et complere , prout etiam in
suis literis patentibus in formam instrumenti publici
redactis nobis missis per eundem episcopum cum
satisfactione sui capituli Electensis , eorum sigillis
autenticis sigillatis, ut in eis legebatur et prima facie
apparebat , latius continetur. Datum in palatio nostro
Narbonensi sub nostro sigilli autentici testimonio, die
et anno infrascriptis, et nos capitulum Narbonense prædictum, inspecta utilitate domini archiepiscopi et ecclesiæ

prædictæ Narbonensis in hac parte, et dicto domino
Electensi et ejus capitulo quantum possumus complacere
cupientes, prædicta omnia et singula, rata, grata
habemus et ratificamus et approbamus. In cujus rei testi-
monium præsentes li[t]teras nostras fecimus magni sigilli
appentione muniri. Datum Narbonæ, die vicesima prima
octobris, anno domini millesimo trecentesimo sexagesimo.
Colinus, notarius.

*Extractum ex libro viridi reperto in archivis
illustrissimi et reverendissimi Claudii de Rebbé
archiepiscopi et primatis Narbonensis, et in hiisdem
archivis reposito a domino Petro Balista, dicti
domini archiepiscopi secretario, mihi Aymerico
Garroussa notario regio Narbonæ exhibito, qui,
debita collatione facta, me subscripsi, die prima
mensis Augusti, anni domini millesimi sexcentesimi
quadragesimi noni. Garroussa, notarius. Baliste.*

TABLE

A

vivait au temps de Pierre de la Jugie, mourut le 11 juin 1393. Le comté de Castres fut incorporé au domaine de la couronne de France, par un arrêt de la cour du parlement de Paris (10 juin 1519).

Vinea Veteri (ecclesia de), 68, 81, *Vignevieille, cant. de Mouthoumet.*

Vino Gradu (ecclesia de), 67, *Vingrau, cant. de Rivesaltes (Pyrénées-Orientales).*

Visco (pasturagium de), 8, *le Vesq, com. et cant. de Narbonne.*

Vitalis (Joannes), 132.

Viveriis (Berengarius de), 56.

Voluda (locus de), 89, *Boulude, anciennement Volude, com. de Marsa, cant. de Quillan.*

ERRATA

FIN

Carcassonne, Impr. P. LABAU, Grand'rue et rue de la Préfecture, 21.

DU MÊME AUTEUR :

———

Notes archéologiques sur la Cité de Carcassonne (Epita-
phes de l'Église Saint-Nazaire et Saint-Celse), in-8°, 1885,
Librairie LAJOUX, Carcassonne *(Tirage à cent exemplaires)*.

**Répertoire des Archives communales de l'arrondissement
de Castelnaudary, antérieures à 1790.**

Cantons Nord et Sud de Castelnaudary, in-8°, 1885, Librairie
LAJOUX, Carcassonne.
Cantons de Belpech, Fanjeaux et Salles-sur-l'Hers (sous presse).

**Rapport sur la situation des Archives départementales,
communales et hospitalières de l'Aude pendant l'exercice 1884-1885,** in-8°, 1885, Imprimerie LABAU, Carcassonne.

Testament de Jean Sésale, curé de Fanjeaux (10 avril
1423), in-8°, 1886, Imprimerie POMIÈS, Carcassonne
(Extrait du tome IV des *Mémoires de la Société des Arts
et Sciences de Carcassonne*).

Carcassonne, Impr. P. LABAU, Grand'rue et rue de la Préfecture, 21.

www.ingramcontent.com/pod-product-compliance
Lightning Source LLC
Chambersburg PA
CBHW062225270326
41930CB00009B/1878